함안에 담긴 역사와 인물

김훤주 지음

함안에 담긴 역사와 인물

초판 1쇄 발행 2022년 12월 27일

지은이   김훤주
펴낸이   구주모

편집책임   김훤주
디자인   박인미
유통·마케팅   정원한

펴낸곳   도서출판 피플파워
주소   (우)51320 경상남도 창원시 마산회원구 삼호로38(양덕동)
전화   (055)250-0190

홈페이지   www.idomin.com
블로그   peoplesbooks.tistory.com
페이스북   www.facebook.com/pepobook

ISBN 979-11-86351-55-0 03910

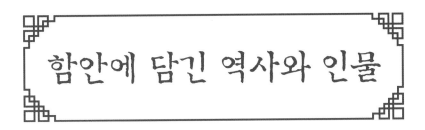

함안에 담긴 역사와 인물

김훤주 지음

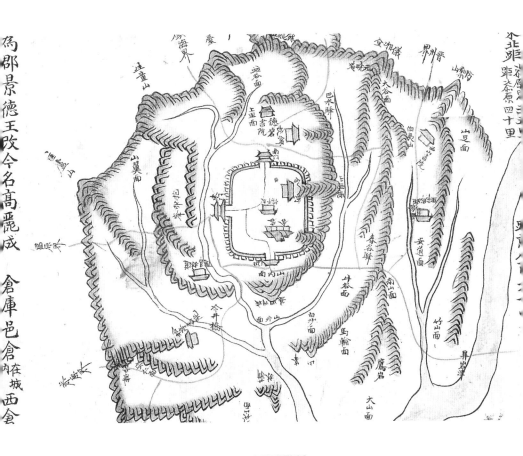

도서출판 **피플파워**

목차

머리말

　함안의 역사에 관련된 책은 많습니다. 말이산고분군이나 6.25전쟁 함안 전투는 이미 여러 책에서 다루어 잘 알려져 있습니다. 인물 역시 여기저기에 그들의 업적을 적어 놓은 글들이 적지 않습니다. 그럼에도 이런 역사를 일목요연하게 정리해서 한눈에 담을 수 있도록 하면 함안의 역사를 널리 알릴 수 있지 않을까 하는 기대로 이 책을 펴내게 되었습니다.

　역사적인 사실·사건 가운데에는 잘 알려진 것도 있지만 그렇지 않은 것도 있습니다. 잘 알려지지 않았던 것으로는 칠원민란을 대표적으로 꼽을 수 있습니다. 물론 전체적인 내용을 꼼꼼하게 다루기에는 부족한 점이 있지만 사건을 알리는 것으로도 나름 의미를 찾을 수 있겠습니다.

　반면에 6.25전쟁 함안 전투는 이미 잘 알려져 있지만 전체 맥락을 이해하지 못하고 단순히 6.25 때 함안에서 그런 전투가 있었다 정도로 알고 있는 경우가 많습니다. 왜 함안에서 그런 전투가 일어나게 되었는지 그 배경과 과정을 쉽게 소개하는 것도 필요했습니다.

　인물 편에서는 그들의 활약을 알리는 것도 중요하지만 시대별로 구분해서 좀 더 쉽게 인지할 수 있도록 했습니다. 특히 일제강점기 독립운동을 벌였던 인물은 가장 가까운 근대 역사라 사람들에게 더 많은 공감과 안타까움을 느낄 수 있지 않을까 싶습니다.

이밖에도 함안을 두고 기록의 고장이라고 하는 까닭을 알 수 있는 내용과 지금 사람들에게 점점 잊혀져 가는 명소에 대한 이야기도 담았습니다. 이런 작업이 앞으로도 계속 이어진다면 기록의 고장 함안이라는 명성을 더할 수 있게 되지 않을까 여겨집니다.

1. 함안 역사의 첫머리
말이산고분군

600년 동안 흥망성쇠를 거듭했던 가야는 오랜 세월 베일에 가려져 있었습니다. 잘 몰랐기 때문에 그만큼 신비스러운 나라로 여겨지기도 했습니다. 최근 들어 발굴이 활발해지고 점차 그 모습을 드러내면서 말이산고분군에 대한 사람들의 인지도나 인식이 많이 달라지게 되었습니다. 말이산고분군에 대해서 관심을 가지는 사람들이 그만큼 많아졌다는 뜻이기도 합니다.

그런데 조금 더 깊이 들여다보면 겉으로 보이는 것보다 훨씬 더 많은 이야기들이 숨어 있습니다. 말이산고분군의 무덤들이 유독 높고 큰 데에는 다 그만한 까닭이 있었습니다. 불꽃무늬토기를 비롯해 다양하고 수준 높은 토기들이 많았던 데에도 그에 걸맞은 배경이 있었습니다. 가야 시대 유행했던 순장에도 아라가야 나름의 특징이 있었습니다.

여기서는 고분군을 하나하나 세세하게 다루기보다 말이산고분군의 시작부터 마지막까지 전반적인 내용을 두루 담았습니다. 중요한 고분 위주로 이야기를 풀어나가면서 다른 가야 이야기를 곁들여 아라가야를 좀 더 입체적으로 들여다볼 수 있게 했습니다. 지금의 함안이 아라가야 당시 어떤 모습을 하고 있었는지, 말이산고분군을 중심으로 어떻게 연결되어 있는지를 더듬어 보는 일도 흥미롭습니다.

줄기능선에 자리 잡은 왕릉급 규모의 고분들

탁월한 입지 선정

말이산고분군이 있는 말이산은 평지 한가운데 살짝 솟아서 남쪽에서 북쪽으로 뻗어 있습니다. 해발 40m 이상의 나지막한 구릉이 연속되는데 가장 높은 데가 해발 72m입니다. 줄기능선은 남북으로 2.5km가량으로, 함안성당·가야초교·해동아파트와 충의공원 일대 등 시가지가 조성돼 사라진 부분을 빼면 1.9km 정도 남아 있습니다.

또 줄기능선에서 갈라져 서쪽으로 부드럽게 이어지는 가지능선이 여덟 갈래로 펼쳐지는데, 여기에도 고분이 들어서 있습니다. 왕릉급 고분들은 대체로 줄기능선 중에서도 주변보다 확실하게 높고 돋보이는 지형을 골라 들어서 있고 가지능선에는 그보다 조금 규모가 작은 고분들이 있습니다.

이런 입지는 의도가 있었음을 알 수 있습니다. 봉분을 만드는 노력을 적게 들이면서도 규모는 더욱 크게 보이도록 하는 두 가지 효과를 낼 수 있기 때문입니다. 아래에서 올려다보면 마치 '산 위의 산'이 있는 것처럼 느껴져 실제보다 훨씬 더 위엄있게 보이니까요.

말이산고분군은 왕궁터로 짐작되는 가야리 유적 일대와 함안천과 이어지는 그 앞자리에서도 잘 보입니다. 왕궁에 있던 지배계층부터, 들녘과 거리에서 일상을 이어갔던 일반 백성, 그리고 하천을 통해 드나들던 외지 사람들까지 모두 바라볼 수 있는 위치에 자리를 잡고 있습니다.

이처럼 높지 않으면서도 사방에서 올려다볼 수 있는 말이산에 고분을 만든 것은 모든 사람들이 우러러보도록 하기 위함이었음을 알 수 있습니다. 뿐만 아니라 당대를 넘어 후대에도 기억되게 하겠다는 아라가야인들의 의도가 담겨 있지 않았을까 짐작을 하게 됩니다.

오랜 기간 조성된 가야 대표 고분군

말이산고분군은 기원 전후 시기부터 6세기까지 대략 600년 동안 꾸준히 조성됐습니다. 오랜 세월에 걸쳐 변화해온 무덤의 내용과 외형을 한 자리에서 확인시켜 주는 대표적인 고분군입니다. 가야 고분군 가운데 이렇게 오랜 세월 조성된 묘역은 함안 말이산고분군과 합천 옥전고분군 둘뿐입니다.

유네스코 세계유산 등재가 추진되고 있는 일곱 개 가야고분군에서 나머지 교동과 송현동고분군(창녕), 대성동고분군(김해), 송학동고분군(고성), 지산동고분군(경북 고령), 유곡리와 두락리고분군(전북 남원)은 100~300년 동안에 조성된 것들입니다.

물론 말이산에도 처음부터 높고 큰 봉분을 갖춘 고분들이 들어선 것은 아닙니다. 시작은 낮고 작은 무덤이었습니다. 그때까지만 해도 지배집단의 권력이 크지 않았고 그런 만큼 고분을 높고 크게 쌓을 수 있는 기술도 없었습니다. 처음 조성된 무덤들은 높은 지대인 능선에 올라가지도 않았습니다. 이런 추세는 대체로 4세기까지 이어지는데 말이산의 북서쪽 비탈에서 많이 발견되었습니다.

그러다가 5세기에 들어서면서 이전과는 차원이 다른 강력한 권력의 형성을 보여주는 고분들이 등장하게 됩니다. 새로운 권력을 반영하듯 여태까지 무덤을 쓰던 북쪽 비탈을 벗어나 그 위에 있는 능선으로 올라갑니다. 하지만 이때만 해도 높고 큰 봉분은 나타나지 않았고 다만 주인공과 유물을 안치하는 내부 공간이 아주 넓어졌을 정도입니다.

한반도 최초로 말갑옷이 나온 마갑총

대표적인 고분으로는 우리나라 최초로 거의 완전한 형태의 말갑

말머리가리개(위)와 말갑옷

옷이 출토된 마갑총을 가장 먼저 꼽을 수 있습니다. 5세기 초반에 조성된 무덤으로 말이산고분군에서 왕릉급으로 인정되는 고분입니다. 5세기 초반까지만 해도 봉분 아래에 있는 내부 구조는 돌덧널이 아니라 나무덧널이었습니다. 그러다보니 내부 공간은 왕릉급에 걸맞게 넓었지만 무게 압력이 엄청난 높고 큰 봉분을 올리지는 못한 단계였습니다.

마갑총은 말이산고분군 북쪽 언덕에 있었습니다. 해동아파트를 짓기 위한 터파기 공사가 진행되던 현장에서 발견이 되었습니다. 이른 아침 신문 배달을 하기 위해 지나가던 한 중학생의 눈에 우연히 떼어서 세상 밖으로 나오게 된 것입니다. 그리고 유물이 다름 아닌 말갑옷이라는 사실이 밝혀지면서 전 국민의 관심이 쏟아지기도 했습니다.

말갑옷과 말얼굴가리개는 마갑총에서 출토되기 이전에는 안악3호분·삼실총·쌍영총 같은 고구려 고분 벽화에나 등장했을 뿐이었습니다. 그러던 것이 1992년 6월 6일 한반도 남쪽 함안 땅에서 발견이 되었습니다.

30년 전 당시에는 동북아시아 전체에서도 이런 실물은 귀한 것이었고, 한반도에서도 거의 원형 그대로 나타난 것은 함안이 최초였습니다. 앞서 경주·동래·합천 등에서 정체를 짐작할 수 없는 물고기 비늘 모양의 작은 쇳조각이 출토된 적이 있었는데, 마갑총에서 원형에 가까운 말갑옷이 출토되면서 그것들이 말갑옷의 일부분이라는 것을 확인할 수 있게 된 것입니다. 마갑총 말갑옷은 이런 역사적 가치가 인정되어 지금 보물로 지정되어 있습니다.

'메이드 인 아라가야' 말갑옷

말갑옷은 말의 자유로운 움직임을 보장하면서도 활·칼·창 같은 무기로부터 몸통을 온전하게 보전할 수 있어야 합니다. 철을 다루는 제작 기술이 높은 수준이 아니면 만들 수 없는 물건이라는 얘기입니다. 그렇다면 이런 뛰어난 말갑옷을 만든 집단은 누구였을까요?

당시 대부분 학자들의 견해는 한반도 남쪽의 조그마한 아라가야가 그런 말갑옷을 자체 생산했을 리가 없다는 것이었습니다. 그런 수준 높은 제작 기술을 어떻게 아라가야가 갖출 수 있었겠느냐는 선입견이 앞섰다고 할 수 있습니다.

대신 당시 한반도에서 가장 앞선 선진문물을 갖춘 고구려가 만든 것이라는 견해가 지배적이었습니다. 광개토왕릉비에 적혀 있는 대로 서기 400년 한반도 남부를 침공하는 과정에서 아라가야에 주어진 것이라는 가설이 그대로 통용되었습니다.

그런데 그 뒤 말이산고분군의 8호분(1994년)과 6호분(2005년)에서도 말갑옷이 잇따라 출토되었습니다. 이로써 마갑총에서 출토된 말갑옷이 고구려에서 들어왔다는 얘기는 사라지게 됩니다. 말갑옷이 한 벌뿐이라면 고구려의 선물이라고 볼 수도 있지만 두세 벌이 되면 자체 생산 아니고서는 있을 수 없는 일이기 때문입니다. 함안에서 출토된 말갑옷은 모두 '메이드 인 함안'이 확실합니다.

쇳조각 450개 남짓을 이어서 길이 2.3m, 너비 0.5m로 만들어진 말갑옷은 아라가야의 탁월한 철기제작기술을 잘 보여줍니다. 어떤 부위를 보호하느냐에 따라 쇳조각의 크기와 형태도 다르게 만들었습니다. 줄을 꿰기 위하여 쇳조각에 낸 구멍도 아주 가늘었는데 이 또한 아라가야 사람들의 쇠를 가공하는 기술이 뛰어났음을 일러주는 것입니다.

금은 장식 고리자루큰칼도

마갑총에서 발견된 것 중에는 고리자루큰칼도 꼽을만 합니다. 길이가 88cm인 큰칼은 칼몸과 손잡이가 따로 제작되지 않고 하나로 붙어 있는 일체형으로 칼몸(67cm)은 단면이 이등변삼각형이고 손잡이(17cm)는 기다란 네모꼴입니다.

손잡이는 나무에 은판을 두른 위에 금도금을 한 판을 말고 다시 금도금을 한 못을 박아 고정시켰으며 금도금을 한 판에는 비늘 모양 무늬가 장식되어 있습니다. 손잡이 아래 둥근고리(4cm)에도 앞뒤와 한가운데에 같은 무늬로 금을 새겨 넣었고 앞뒤의 톱니 모양 무늬 사이사이에도 조그만 동그라미 모양을 내고 은을 새겨 넣었습니다.

칼은 살상용 무기입니다. 그래서 손잡이나 고리를 귀금속으로 꾸미는 경우는 많아도 사람을 치는 칼몸을 치장하는 경우는 드뭅니다. 그런데 마갑총에서 나온 고리자루큰칼은 칼몸에 금으로 상감한 부분이 있습니다. 칼끝에서 7cm가량 아래부터 손잡이 바로 앞까지 칼등에 60cm가량 톱니 모양 무늬가 이어집니다. 표면에 V자로 홈을 내고 가늘게 금실을 박아 넣은 다음 부드럽게 갈고 닦았습니다.

마갑총에서 나온 고리자루큰칼은 주인이 살상용 칼조차 금으로 장식하여 위엄을 나타낼 만큼 최상위 권력자였음을 보여줍니다. 생전에 얼마나 큰 권력을 가졌었냐는 이런 귀금속 장식과 더불어 개수도 중요하게 작용합니다. 마갑총에서는 이 고리자루큰칼 말고도 세 자루가 더 발견되었습니다. 이런 칼은 뒤에 8호분·6호분·5호분에서도 발견이 되었는데 이는 아라가야의 위상을 짐작게 하는 물건들이라 할 수 있습니다.

마갑총에서는 덩이쇠도 제법 나왔습니다. 말갑옷·미늘쇠·큰칼 등은 무덤 주인공의 위상이 높고 권력이 강했음을 보여주는 표상이고 덩이쇠는 아라가야의 생산력이 아주 높았음을 일러주는 지표입니다. 덩이쇠는 말갑옷이나 칼 같은 최종 완성품을 만들기 위한 1차 가공품이라 할 수 있습니다. 당시 제철산업은 해당 사회의 흥망을 좌우하는 최첨단 분야였고 그 산물인 쇠는 화폐 구실까지 겸했기 때문에 아주 귀중한 물품이었습니다.

마갑총은 처음에는 유적지를 알리는 작은 비석과 함께 낮은 봉분을 만들고 울타리도 둘러 눈에 담을 수 있도록 했습니다. 하지만 위치가 차량 출입이 많은 아파트 단지 들머리라 주민들의 민원으로 비석만 남겨두고 나머지 건축물과 봉분은 철거를 하게 되었습니다.

계획에 따른 질서정연한 배치

높고 커다란 봉분을 갖춘 고분은 마갑총 이후에 나타납니다. 대략 5세기 중반부터 6세기 중반까지 100년 동안 말이산 전체에 들어서게 됩니다. 다닥다닥 붙어 있지 않고 20~30m 정도 일정한 간격으로 떨어져 있는데, 이는 지위나 신분 또는 서로 친밀한 정도에 따라 사전에 계획을 하고 진행되었음을 보여줍니다.

가지능선에 들어선 상대적으로 크기가 작은 고분들

　　함안박물관에서 바라보면 가장 크게 보이는 고분이 4호분입니다. 여기서 남쪽으로 450m 지점에 있는 꼭대기에는 13호분이 있습니다. 이 두 고분은 입지도 탁월해서 단박에 시선을 사로잡습니다. 이밖에 다른 초대형 고분들도 하나같이 줄기능선에 줄지어 있습니다.

　　반면 줄기능선에서 갈라져 서쪽으로 내려가는 가지능선들은 대체로 대형 또는 중대형 고분들이 차지합니다. 하지만 좀 더 작은 중소형 고분들은 가지능선 아래의 비탈면에 모여 있습니다. 주인공이 생전에 누렸던 지위에 따라 묻히는 영역도 달랐음을 말이산고분군의 질서정연한 배치에서도 엿볼 수 있습니다.

아라가야의 순장은 언제부터

무덤은 과거 사람들의 삶과 그들이 남긴 문화·역사를 더듬어보는 훌륭한 자료가 됩니다. 지금이야 모든 것이 기록으로 남지만 그런 장치가 지금과는 달랐던 과거에는 그들이 남긴 흔적들이 역사를 살펴보는 중요한 근거가 되기 때문입니다.

순장은 장례를 치르면서 산 사람을 함께 묻는 풍습을 말합니다. 중국과 일본에서도 볼 수 있는데 한반도에서는 가야와 신라에서 확인이 되었습니다. 신라는 임금이 죽으면 남자와 여자를 5명씩 순장했다는 기록과 함께 실제 순장 사례가 확인이 되었습니다. 반면에 가야는 순장의 기록이 없지만 발굴로 확인된 사례가 가장 많습니다. 부여는 순장했다는 기록은 있지만 아직 확인은 되지 않았습니다.

말이산고분군에서 순장이 시작된 것은 커다란 봉분이 등장하면서부터입니다. 3세기 후반에 시작된 김해 대성동고분군에 견주면 상당히 늦은 편이고, 창녕의 교동과송현동고분군보다는 조금 앞섭니다. 고분의 규모에 따라 순장자의 숫자가 달라지는 것은 김해나 창녕과 다르지 않습니다.

순장을 했던 무덤의 주인은 당연히 높은 지위에 강력한 권력을 가진 사람이었습니다. 생전에 그를 모시던 아랫사람들을 죽여서 함께 묻었는데, 이는 산사람의 목숨까지 마음대로 할 수 있는 절대 권력의 등장과 실존을 보여주는 핵심 증표라 할 수 있습니다.

순장은 죽은 이의 위상을 보여주는 장치이기도 했습니다. 몇 사람을 순장하느냐 혹은 순장 당하는 사람의 지위가 어느 정도인가에 따라 권력의 정도를 가늠할 수 있습니다. 가야 최초의 순장은 3세기 후반 김해 대성동고분군 29호분에서 나타났습니다.

가락국 최초의 왕릉으로 꼽히는 대성동 29호분에는 1명이 순장 되었지만 4세기에는 최대 6명까지 늘어나게 됩니다. 이후 5세기 초반까지 성행하다 고구려의 공격으로 지배계층이 무너지면서 급격하게 쇠퇴합니다. 5세기 후반 무렵에는 다시 1명으로 줄었다가 결국 사라지게 되었습니다.

순장을 통해 당시 사람들의 내세관도 엿볼 수 있습니다. 사후 저승에 가면 이승에서와 마찬가지로 삶이 이어진다고 믿었습니다. 이승에서 임금으로 살았으면 저승에 가서도 똑같이 임금의 삶이 보장된다는 것입니다. 그래서 순장을 하고 덩이쇠를 깔고 먹을거리가 가득 담긴 토기까지 함께 묻었습니다.

순장은 지금 사람들의 가치관이나 세계관으로 보자면 이보다 끔찍한 제도가 있을까 싶습니다. 그런데 당시 순장을 당하는 사람들은 고단한 현실보다는 안락한 내세가 보장되어 있다는 희망을 가질 수 있었기에 죽음의 공포가 조금은 줄어들지 않았을까 하는 생각을 해보게 됩니다.

순장에도 공식이 있었을까

순장의 방식에는 개별 세력마다 세부적으로 차이가 있었습니다. 가장 먼저 순장이 이루어졌던 김해 가락국을 보면 처음에는 별도의 공간을 마련해 묻거나 주인공과 같은 공간에 묻거나 주인공을 묻은 공간 바깥 가장자리에 묻는 등 위치가 조금씩 달랐습니다.

그러다 4세기에 접어들면서 일정한 규칙에 따라 배치되는 모습이 나타나게 됩니다. 처음에는 아랫사람이라는 뜻으로 발치에 누이던 것이 주인공을 좌우에서 둥글게 감싸는 모양으로 옮겨가게 됩니다. 순장을 하는 취지에 좀 더 부합하도록 받들어 모시는 데서 호위하는 형식으로 바뀌게 된 것이라고 볼 수 있습니다.

그렇다면 아라가야의 순장은 어떤 방식으로 이루어졌을까요? 주인공의 지위에 따라 순장자의 숫자가 달라지는 것과 상위 세 계층에서 순장이 이루어진 것은 먼저 순장이 시작된 가락국과 다르지 않았습니다. 최상위층은 5~6명, 상위층은 4~5명 중상위층은 2명, 그 아래는 순장을 하지 않는 식으로 말이지요.

그런데 순장하는 위치와 모양은 조금 다른 면을 보였습니다. 가락국은 초기에는 정해진 규칙이 없이 배치되었지만 아라가야는 처음부터 일정한 규칙대로 실행되었습니다. 초대형분과 대형분은 주인공 아래나 위에 직각이 되도록 누이고 중대형분은 주인공 아래에 평행이 되도록 두었습니다.

순장의 시작과 끝은

아라가야의 순장은 5세기 중반에 시작되고 가락국은 3세기 말에 시작됩니다. 서로 밀접하게 접촉하는 사이였음에도 100년 이상 차이가 납니다. 이는 지배계층의 권력이 순장을 실행할 수 있을 만큼 크게 성장한 시기가 그만큼 늦었다는 것을 의미합니다.

순장이 없어지는 과정도 차이가 납니다. 가락국은 지배계층이 무너지면서 순장이 줄어들고 사라졌습니다. 순장을 하고 싶어도 할 수 있는 능력이 없어진 것입니다. 고구려 광개토왕의 서기 400년 침공이 결정적이었습니다.

반면 아라가야는 지배계층이 건재하고 커다란 고분은 계속 지어지는데도 6세기 초반에 순장이 축소·소멸되었습니다. 순장할 능력은 그대로였지만 해당 지역 공동체에서 순장의 당위성과 필요성에 대한 공감대가 갈수록 옅어졌음을 알 수 있습니다.

무덤의 주인공이 평소 쓰던 물건과 지위를 나타내는 유물, 그리고 토기에 담아 일용할 양식을 묻는 풍습은 사후 세계에 대한 믿음과 관련이 있습니다. 그런데 이 시기에는 묻는 유물과 양식도 덩달아 크게 줄어듭니다. 여기서도 당시 사람들의 사후 세계에 대한 인식의 변화를 짐작할 수 있습니다.

이처럼 고대 한반도에서 순장이 처음 출현한 곳이 가야였고, 250년 동안 이어지면서 마지막까지 순장한 곳도 가야였습니다. 사후 세계가 있다는 내세관의 공유는 순장을 통해 가야 여러 세력을 같은 문화권으로 엮어주는 역할을 했습니다. 하지만 구체적인 양상은 저마다 달랐기에 가야의 다양성과 독자성을 동시에 보여주는 사례가 순장이라 할 수 있겠습니다.

청동기문화와의 연관성 암각화고분

아파트 공사로 사라진 마갑총을 제외하고 말이산고분군에서 현존하는 아라가야 최초의 왕릉급 무덤은 말이산고분군 북쪽에 있는

말이산고분군에서 마지막 왕릉급 무덤인 암각화고분(제35호분)

45호분입니다. 이 고분을 기점으로 남쪽을 향해 내려가면서 초대형 고분들이 들어서 있습니다. 그렇게 해서 남쪽 끝자락에 놓인 마지막 왕릉급이 6세기 초반에 만든 것으로 짐작되는 35호분(암각화고분)입니다. 서쪽 가장자리에 비스듬히 기울어진 채 놓여 있는 바위가 봉분의 일부를 이루고 있습니다.

청동기시대 유적인 암각화가 그려진 바위입니다. 크고 작은 알구멍과 겹겹이 에워싼 동심원으로 채워져 있는데, 동심원은 태양 숭배를 나타내는 것으로 받아들여지고 알구멍은 대체로 풍요와 다산을 기원하면서 새겼지 않았을까 여겨집니다.

1991년 발굴을 했더니 아래에서 기원전 4~5세기의 청동기시대 지석묘(고인돌)와 주거지가 나왔습니다. 500년 안팎 세월에 걸친 사람살이의 자취가 한자리에 모여 있었습니다. 겉으로 보기에는 특별해 보일 것도 없는 무덤이 알고 보니 선사시대와 철기시대를 이어주는 역사의 현장이었던 셈입니다.

암각화고분에서 출토된 유물도 만만찮았습니다. 발굴 당시 이미 도굴과 경작으로 크게 망가진 상태여서 기대를 하지 않았다고 합니다. 그런데도 여러 말갖춤과 더불어 불꽃무늬토기가 나왔고 이에 더해 순장된 것으로 추정되는 2명의 유골까지 발굴이 되었습니다.

이를 통해 볼 때 말이산 일대는 아라가야 사람들이 무덤을 조성하기 이전에도 그 선조인 청동기시대 사람들이 조성한 집단 묘역이 있었을 것으로 짐작됩니다. 2014년 20~21호분 사이 능선에 대한 발굴조사에서 청동기시대 무덤 두 자리가 출토된 것도 이를 보여주는 지표로 여겨지고 있습니다.

　아라가야 사람들은 기원 전후 시기부터 말이산고분군에 무덤을 쓰기 시작했습니다. 그런데 400년 안팎 세월 동안은 무덤이 능선에 오르지 못하고 비탈에 주로 있었습니다. 그러다가 최초로 능선에 오르기 시작한 무덤이 마갑총입니다. 이런 현상은 청동기 선조들을 공경하고 숭배했기 때문이었을까요? 아니면 다른 이유가 있었던 것일까요?

거대한 봉분의 숨은 비결

　1500년의 세월이 지나도록 원형을 잃지 않은 것은 말이산고분군의 특징으로 꼽을 수 있습니다. 고분의 형태가 없이 평지로 남아 있는 대성동고분군과 견준다면 말이산고분군의 규모는 압도적입니다. 그렇다면 말이산고분군의 고분들이 이토록 완전하게 남을 수 있었던 까닭이 무엇인지 궁금합니다. 바로 아라가야 사람들의 최첨단 토목 공법 덕분입니다.

　무덤의 규모를 키울 수 있느냐 없느냐는 높고 큰 봉분을 만들 수 있는 새로운 토목 기술에 좌우됩니다. 그중에서도 내부에 들어가는 돌덧널이 봉분의 무게를 얼마나 견딜 수 있느냐가 결정적입니다. 이를 위해 고안된 것이 무덤벽에 구멍을 만들어 나무를 걸치는 들보 시설인데 함안 말이산고분군에서만 볼 수 있는 독특한 공법입니다.

자세히 살펴보면 이렇습니다. 먼저 내부 공간을 조성합니다. 이때 사방 벽은 석재로 마감합니다. 그 안에 주인공을 안치하고 유물을 넣어둡니다. 그러고는 위쪽 석재로 만든 사방 벽에 홈을 냅니다. 이홈에 단면이 정사각형이 되도록 만든 길고 굵다란 나무들보를 끼워서 상하좌우로 걸칩니다. 이렇게 하면 나무 들보들이 우물 정(井)자 모양으로 겹쳐지게 됩니다.

중첩된 나무들보를 크레인의 X축과 Y축으로 삼아 크고 두꺼운 덮개돌을 좀더 손쉽게 올릴 수 있었습니다. 이렇게 올리면 덮개돌과 덮개돌 사이가 촘촘하고 빈틈이 없어지게 되어 엄청난 무게 압력을 효과적으로 분산시키는 효과를 거둘 수 있습니다. 말이산고분군의 커다란 봉분에는 그런 과학적인 기술이 숨어 있었던 겁니다.

이와 함께 말이산고분군 일대의 지질이 쉽게 부서지는 무른 성질의 암반이라는 사실도 한몫 거들었습니다. 아라가야 사람들은 줄기 능선에 형성되어 있는 무른 암반을 파낸 다음 그 안에 주인공을 안치했는데, 이는 상대적으로 적은 노력을 들이고도 더욱 크고 높은 봉분을 올리는 효과를 냈습니다. 함안박물관 뒤편에 있는 말이산고분 전시관에 가면 이런 내용을 자세히 알 수 있습니다.

아라가야가 멸망하면서 말이산고분군에는 높고 큰 봉분을 갖춘 고분이 더 이상 만들어지지 않게 됩니다. 세상이 많이 달라졌다지만 삶을 마감하는 과정 역시 부와 권력과 밀접과 관련이 있는 것은 크게 변하지 않은 것 같습니다. 조금 달라진 게 있다면 옛날에는 집단의 가치관이 중요하게 작용했지만 지금은 개인의 가치관이 영향을 주고 있다는 정도의 차이가 않을까 싶습니다.

가장 높고 크고 기다란 고분은?

말이산고분군에서 특징적인 고분을 몇몇 꼽아본다면 가장 앞자리에 13호분을 둘 수 있겠습니다. 밑지름 40.1m에 높이 7.5m인 가장 큰 고분입니다. 5세기 말 최전성기에 조성된 13호분은 말이산에서 가장 높은 봉우리 위에 있습니다. 1918년 일제가 조선총독부 고적 조사라며 발굴한 적이 있지만 결과는 제대로 보고되지 않았고 유물은 흩어졌습니다. 그로부터 100년만인 2018년 다시 발굴했더니 여러 차례 도굴을 당했는데도 중요한 유물들이 남아 있었습니다. 청동 말갖춤·금동 허리띠꾸미개와 비취곡옥 등은 무덤 주인공의 높은 위상을 보여주었고 두 귀 달린 장군(액체를 담는 그릇)은 조형미가 뛰어나다는 평을 받았습니다. 그리고 덮개돌에서는 청룡 별자리(전갈자리)와 남두육성(궁수자리) 등 별자리 모양이 확인되기도 했습니다.

이에 버금가는 규모로는 밑지름 39.4m에 높이가 9.7m인 4호분이 있습니다. 봉분 높이는 13호분보다 높지만 해발 고도로 보면 13호분보다 제법 많이 낮습니다. 13호분보다 앞선 시기의 무덤인데 수레바퀴모양토기와 오리모양토기, 바리모양그릇받침을 비롯해 화살통꾸미개와 쇠칼 등이 출토되었습니다.

주인공을 모시는 내부 공간이 가장 기다란 고분은 8호분입니다.

봉분도 밑지름이 38m에 높이 5m에 이르는 대형 고분입니다. 말갑옷 뿐만 아니라 여러 토기·철기 유물과 함께 순장된 인골이 다섯 구 나왔습니다. 이렇게 사람을 여럿 묻어야 했기 때문인지 구덩이를 파고 설치한 돌널(석곽)의 길이가 무려 12m입니다.

남문외고분군, 말이산고분군과 하나가 되다

함안 하면 말이산고분군을 으뜸으로 치지만 그에 버금가는 남문외고분군도 있습니다. 말이산고분군에 익숙한 사람들은 남문외고분군 하면 고개를 갸웃하게 됩니다. 남문외고분군은 말이산고분군에서 북서쪽으로 700m 정도 떨어져 있습니다. 신음천을 따라 길게 늘어선 구릉의 능선에 크고 작은 고분이 들어서 있습니다.

『함주지』에는 고분군에 대한 기록이 나옵니다. "우곡의 동쪽과 서쪽 언덕에 옛 무덤이 있다. 높이와 크기가 구릉만 한 것이 40개 남짓이다. 민간에 전하기를 옛 나라의 왕릉이라고 한다." 우곡은 지금의 가야읍 일대에 해당됩니다. 여기서 말하는 우곡의 동쪽은 말이산고분군이고 서쪽은 남문외고분군입니다.

지형이 예전과 많이 달라졌기 때문에 전혀 다른 것 같지만 남문외고분군과 말이산고분군은 역사적으로 이어지는 단일한 고분군이 맞습니다. 아라가야 지배계층의 집단 묘역이 말이산고분군에서 남문외고분군으로 확장되었다고 보면 그다지 틀리지 않습니다.

남문외고분군(가야읍 가야리 19-2 등)

아라가야 권역에서 가야고분군은 100군데 넘게 발견됐는데 그 중에서 봉분이 크고 높은 고분은 남문외고분군과 말이산고분군에만 있습니다. 봉분 밑지름이 29.5m에 이르는 남문외11호분은 6세기 초반에 조성된 것으로 이 시기의 고분 가운데 가장 큽니다. 이만한 규모는 말이산고분군에서도 몇 개 되지 않는다고 하니 남문외고분군의 위상이 어느 정도였는지를 짐작할 수 있습니다.

남문외고분군은 2021년 7월 29일자로 말이산고분군으로 통합 지정되면서 경상남도기념물에서 국가사적으로 격이 높아졌습니다. 기존 말이산고분군만으로도 대단히 크지만 남문외고분군이 더해지면서 통합 말이산고분군은 가장 큰 규모를 갖추게 됐습니다.

아라가야를 잘 갈무리한 함안박물관

함안박물관은 말이산고분군과 나란히 자리를 하고 있습니다. 입구에 큼직하게 세워진 미늘쇠 모양의 조형물이 박물관을 찾는 이들을 맞아줍니다. 미늘은 낚싯바늘 끝에 바늘이 휘어진 방향과 반대로 붙어 있는 작은 갈고리를 말하는데 이런 미늘이 붙어 있는 철판을 미늘쇠라 합니다.

아라가야의 지배자를 무덤에 묻는 장례에 사용되었을 유물로 추정되기도 했지만 생전에는 제사·집회나 행차 등 여러 의례를 펼칠 때 주인공의 위세를 떨치는 데에 썼을 것으로 여겨집니다. 세련된 장식성이 현대인들에게까지 인상 깊게 새겨진 덕분에 지금은 가야 전체를 대표하는 상징물로도 활용되고 있습니다.

미늘쇠에서 미늘은 대부분 새의 모양을 하고 있는데 한 마리에서 여섯 마리까지 다양합니다. 미늘쇠 양쪽 가장자리에 달려 있는 새 모양 장식을 통해 우리는 당시 사람들의 세계관을 엿볼 수 있습니다. 매끈하고 날렵한 새는 예로부터 천상과 지상, 하늘과 인간을 매개해 주는 신성한 존재로 인식되어 왔습니다. 사람이 죽으면 그 영혼을 하늘로 인도하는 영물로 이승과 저승을 이어주는 역할을 한다고 믿었습니다.

미늘쇠는 가야 권역에서 집중 출토되는데 크고 멋진 것은 말이산고분군에서 가장 많이 나왔습니다. 이 가운데 58㎝ 길이 미늘쇠는 한반도에서 출토된 미늘쇠 가운데 가장 아름답다는 평가를 받고 있

습니다. 좌우로 각각 새를
여섯 마리씩 달았고 꼭대기
는 꽃봉오리 모양으로 장식
을 했습니다. 아울러 중앙을
세모나게 뚫어 끈으로 삼각
형 장식을 연결했는데 이는
우리나라에서 유일하게 장
식을 매단 끈이 남아있는 경
우라고 합니다.

　말이산고분군에서 출
토된 유물 가운데 이밖에 눈
길을 끄는 것으로는 중국 청
자와 봉황 장식 금동관이 있

새 모양의 미늘이 달린 위세품 미늘쇠

습니다. 중국 청자는 5세기
후반 중국 남조에서 만들어
진 것인데 가야 권역에서는
전북 남원 월산리고분군과
함안 말이산고분군 두 군데
에서만 출토됐습니다. 아라
가야와 중국 사이의 수준 높
은 국제교역을 보여주는 증
거물이라 하겠습니다.

봉황 장식 금동관

봉황 장식 금동관은 비록 투박하기는 하지만 아라가야의 독창성이 돋보이는 유물입니다. 백제나 신라 또는 대가야처럼 세밀한 금가공기술을 보여주는 것은 아니지만 무늬가 독특합니다. 다른 지역 금(동)관의 무늬는 산이나 나뭇가지 또는 불꽃 모양이지만 이 금동관은 유일하게 봉황을 올렸습니다.

불꽃무늬가 새겨진 다양한 토기

함안박물관 하면 불꽃무늬 형상의 외관이 퍽 인상적입니다. 이 또한 아라가야의 특징과 무관하지 않습니다. 아라가야의 토기는 모든 시기에 걸쳐 독창적이고 세련된 모양을 하고 있습니다. 말이산고분군에서는 그릇받침과 뚜껑, 커다란 항아리에서 다양한 모양의 굽다리접시까지 많은 토기가 출토되고 있습니다. 모양이 비교적 단순한 것은 일상생활용품이라고 쉽게 짐작할 수 있지만 수레바퀴·오리·등잔·뿔·집처럼 모양이 색다른 토기는 정확한 쓰임새가 어땠는지 알아차리기가 쉽지 않습니다.

특히 사슴모양뿔잔은 독창성과 예술성 등에서 매우 높은 평가를 받고 있습니다. 2018년 45호분에서 발견된 이 뿔잔은 사슴이 고개를 틀어 뒤돌아보는 순간을 포착했는데 그 탄력과 긴장감이 생생하게 느껴질 정도로 실감 나는 모습을 하고 있습니다. 덕분에 이 뿔잔은 같은 45호분에서 나온 집모양토기(2점)와 배모양토기(1점), 등잔모양토

배모양도기, 집모양도기, 사슴모양뿔잔 ⓒ함안군청

기(1점)와 함께 '함안 말이산 45호분 출토 상형도기 일괄'이라는 이름으로 2022년 10월 26일 보물로 지정되었습니다.

이들은 모두 아라가야 사람들의 독창성과 상상력을 엿볼 수 있는 유물로 다양한 모양의 토기가 한꺼번에 완전한 형태로 세트를 이뤄 출토된 경우가 매우 드물다는 가치를 인정받았습니다. 또 집과 배 모양의 토기는 1500년 전 실존했던 건물과 선박의 구조·형태를 그대로 구현해 당시 생활상을 살펴볼 수 있게 해준다는 평가도 받았습니다.

그런데 보물 지정 명칭을 보면 여태까지 일반적으로 써 왔던 '토기'가 아니고 '도기'로 되어 있습니다. 그러면 어떻게 다를까요? 토기는 흙으로 빚어 만든 모든 그릇을 일컫는다고 보면 됩니다. 그리고 도기는 그 가운데 유약을 바른 다음, 당시로서는 고온인 1000도 안팎의 센 불로 구워 만든 수준 높은 제품으로 보면 맞을 것입니다.

이처럼 다른 가야에서는 보기 어려울 정도로 다양한 토기가 풍부하게 생산된 것은 아라가야의 생산력과 경제력이 상당히 높은 수준이었음을 일러주는 지표입니다. 당장 먹고살기에 급급한 상태였다면 1차 기능에 충실한 단순한 토기만 만들게 됩니다. 하지만 생활이 풍족하고 여유로웠기 때문에 이런저런 장식과 디자인이 가미된 토기를 다양하게 만들 수 있었습니다.

아라가야는 일찍부터 대규모 토기생산시설을 갖추고 있었습니다. 가야읍 묘사리에 2곳 법수면 우거리에 14곳 등 모두 16곳에 이르는 도요지가 확인되었습니다. 우거리는 광범한 유적 가운데 한 군데에서만 5톤 트럭 4대 분량 토기가 발굴됐을 정도로 규모가 큽니다. 토기 전문 생산 집단이 별도 공간에서 작업했음을 일러주는 유적이라 하겠습니다.

아라가야 토기는 거의 전부 불꽃무늬가 몸통에 뚫려 있습니다. 형태와 기능이 단순한 토기는 물론이고 모양이 다양한 토기들에도 불꽃무늬가 새겨져 있습니다. 아래는 둥글고 그 위에 수직으로 뾰족한 이등변삼각형을 빈틈없이 이어붙인 불꽃무늬는 아라가야를 대표할 만큼 상징성이 뛰어납니다.

그래서 사람들은 불꽃무늬만 보면 '메이드 인 아라가야'라는 것을 알아차리게 됩니다. 불꽃무늬는 생명력과 신성성, 정화 능력 등에 더해 천상을 지향하는 상승감까지 불이 가지고 있는 다양한 속성을 상징하는 것으로 볼 수 있습니다.

아라가야의 토기 문화는 일본에도 영향을 미쳤습니다. 4세기 말부터 오사카와 야마토 일대에 자리 잡은 왜한씨(倭漢氏)는 아라가야 토기 공인 이주민으로 인정되고 있습니다. 토기를 구워내는 가마기술도 건너갔는데 이는 함안 우거리 유적의 가마 형태가 일본 오사카 스에무라 유적의 가마 형태와 거의 같다는 사실이 이를 증명합니다. 불꽃무늬토기가 일본에서 발견된 것도 근거로 들 수 있겠습니다.

멋진 산책이 함께하는 말이산고분군

　다양한 유물들을 잘 갈무리하고 있는 함안박물관, 고분군을 알기 쉽게 설명해 놓은 말이산고분전시관, 산책하기에 더없이 좋은 말이산고분군둘레길 그리고 새로 들어서게 된 제2전시관까지 어우러져 말이산고분군은 통째로 놀이와 휴식 그리고 역사의 배움터로 손색없는 명실상부한 복합 문화공간입니다.

　접근성이 뛰어난 산책로는 이제 함안의 랜드마크로 자리 잡았다고 해도 과언이 아닐 정도입니다. 주말이면 가족끼리 연인끼리 산책을 하고 잔디밭에 앉아 휴식을 취하는 모습을 자연스럽게 보게 됩니다. 박물관에서 시작하는 길, 옛 철길에서 오르는 길, 함안군청으로 이어지는 길, 도동·삼기마을 언저리의 길이 모두 말이산고분군 둘레길과 연결이 됩니다.

　전체 2.7㎞ 거리는 쉬엄쉬엄 걸어도 1시간 30분이면 충분합니다. 굳이 다 걷지 않아도 걸을 만큼 걷다가 적당한 곳에서 다시 돌아나와도 즐기는 데는 부족함이 없습니다. 볼거리 누릴 거리를 함께 품고 있는 말이산고분군은 찾아오는 사람들을 언제라도 격의 없이 맞아줍니다.

2. 아라가야의 왕성이 있었던 가야리 유적

郡景德王改令名高麗成　倉庫邑倉在城西倉

直監務恭愍王坐為耶本朝　每倉一二車　在纐海縣

가야리 유적(가야읍 가야리 289) ⓒ함안군청

　함안 가야리 유적은 아라가야의 왕성이 발견된 자리입니다. 함주공원 서쪽에 붙어 있는 함안연꽃테마파크 일대에서 삼한시대 제방 유적이 나왔는데, 거기서 다시 서쪽 너머에 있는 가야리 마을 뒤편 언덕이 아라왕궁지입니다.

　1587년 만들어진 『함주지』에는 "백사리 부존정 북쪽에 옛적 나라의 터가 있는데 둘레가 1,606척이다. 흙으로 쌓았던 자취가 남아 지금도 완연하다. 세상에 전하기를 가야국 옛터라고 한다"고 적혀 있습니다. 이를 정황과 맞춰 보면 부존정 자리는 함안연꽃테마파크에서 도로 건너편에 있는 남문외고분군의 가장 높은 봉우리로 짐작이 됩니다.

그동안 글이나 말로만 전해오던 아라가야의 왕궁 유적이 나지막한 야산 꼭대기에서 토성에 둘러싸인 채 나타났습니다. 가야리 유적의 토성은 김해의 봉황동 유적 토성이나 합천 옥전고분군의 성산토성과 달리 거의 완전한 상태로 남아있습니다.

높이는 최고 8.5m이고 너비는 20~40m인데 같은 시기의 다른 가야 권역에는 비교할 상대가 없고 백제나 신라와 비교해도 손색이 없다고 합니다. 밑바닥은 대체로 암반으로 덮여 있는데 나무기둥을 박아 넣었던 구멍 흔적이 곳곳에서 발견됐습니다. 통나무 울타리가 줄지어 늘어서 있었던 자리이거나 올라가서 멀리 망을 보았던 망루, 또는 마루를 높게 설치한 고상 건물의 흔적들입니다.

왕성에 걸맞은 커다란 규모의 취사 전용 건물터도 확인됐습니다. 길이 11m와 너비 5m에 이르는 기다란 네모꼴인데 암반을 파내어 만들었습니다. 취사 공간임을 알려주는 아궁이와 구들·굴뚝, 물을 담아둘 수 있도록 암반을 파서 만든 구덩이, 그리고 취사용 토기와 그릇받침도 같은 자리에 있었습니다.

토성이 둘러싼 가야리 유적은 임금이 살아서 거처하는 공간이었습니다. 왕궁에서 바라다보이는 말이산고분군은 그런 임금이 죽어서 조상의 품에 안기는 사후 안식처였습니다. 그런 의미에서 왕궁 토성이 발견된 가야리 유적과 왕릉급 고분이 즐비한 말이산고분군은 잘 어울리는 한 쌍이라 하겠습니다.

3. 국제회의가 열렸던 당산유적

당산유적은 2004년 발굴에서 확인됐는데 우리나라에서 고대 건축물이 세워져 있었던 가장 큰 자리입니다. 전체 길이는 40m이고 너비는 최대 15m에 이르며 면적은 최소한 130평(400㎡) 이상입니다. 2020년 10월 충남 부여에서 발견돼 눈길을 끌었던 사비 백제의 대형 건물지가 가로 12m 세로 7m인 데 견주면 엄청난 크기이고 발굴보고서에 따르면 당시 동아시아에서 가장 큰 건물이었다고 합니다.

지붕을 받치는 기둥으로 사용했던 통나무의 지름이 평균 1.6m에 이를 정도입니다. 기둥 자리에서 나온 숯으로 탄소연대측정을 했더니 1700년 전인 4세기로 나왔습니다. 지금은 아무렇지도 않은 규모이지만 4세기라면 초대형이라 하고도 남음이 있습니다.

이런 정도 크기이면 제법 많은 사람들이 한꺼번에 모일 수 있는 공간입니다. 국가 차원의 대규모 집회, 하늘에 제사를 올리는 의례, 최고위 지배자들의 장례·혼례 등 경조 의식을 치르는 데 전혀 손색이 없었을 것입니다.

터를 잡고 앉은 자리도 예사롭지 않습니다. 평지를 향해 도도록하게 튀어나와 있어 하루종일 볕이 바른데다 시야도 가리는 것 없이 사방으로 트여 있어 전망이 좋습니다. 게다가 1920년대 일제가 인공물길을 내면서 가운데를 자르고 시가지를 조성하기 전에는 말이산고분군과 한 몸이었습니다. 조상이나 하늘에 제사를 지내고 공동체를 위한 집단 의례를 집행하는 데에 이보다 나은 적지를 찾기는 어려울 것 같습니다.

『일본서기』에는 서기 529년에 아라가야가 고당을 새로 짓고 백

당산 유적(가야읍 도항리 55-1). 건물 면적이 최소 400m² 이상일 정도로 초대형이다.

제·신라·왜의 사신을 초청해서 국제회의를 열었다는 기록이 나옵니다. 당시 아라가야 국왕이 올라가 여러 나라 사신들과 논의했던 그 고당이 바로 여기 이 당산유적의 초대형 건물일 개연성이 높습니다.

　　가야 왕릉의 독특한 경관은 함안 아닌 다른 가야 지역에서도 볼 수 있습니다. 대형 건물터도 다른 가야 지역이나 백제 도읍 등에서 확인되지 않는 것은 아닙니다. 다들 국가 차원의 커다란 행사를 위해 쓰였을 건축물들입니다. 하지만 규모 면에서 당산유적 건물터보다 큰 것은 아직 없습니다. 국제회의가 열렸다는 기록이 함께한다는 점에서도 뜻깊은 유적입니다.

4. 신라가 쌓은 아라홍련의 고향
성산산성

郡景德王改令名高麗成　　倉庫邑倉內在城西倉

直監務恭愍王陞為邵本月　海谷八三　在鎮海縣

성산산성 동문터

가야가 쌓은 것으로 알려졌지만

1587년 함안을 기록한『함주지』는 성산산성을 '가야국의 옛 터'라고 하면서 "성산 위에 있는데 둘레가 4383척에 이르고 지금도 성터가 뚜렷하다"고 적었습니다.『함주지』에 나오는 성산의 현재 공식 지명은 조남산이지만 지금도 대부분 사람들은 여전히 성산이라고 합니다.

사람들은 이처럼 오랫동안 성산산성을 아라가야 사람들이 쌓은 가야 산성으로 알고 있었습니다. 옛날부터 전해져 오는 이 얘기에 누구도 의심을 품지 않았습니다. 함안은 아라가야의 옛 땅이고 성산산성은 가야 옛 땅에 있는 산성이니까 처음 쌓은 것은 가야시대이고 이후 신라가 점령하면서 신라 사람들이 고쳐 쌓았을 것이라고 지레짐 작했던 것입니다.

게다가 가야의 것이라고 적혀 있는 『함주지』가 임진왜란 이전에 지어진 읍지 가운데 유일하게 남아있는 것으로 권위를 인정받아 온 때문도 있습니다. 그 내용이 알차고 다양해 다른 지역에서도 읍지를 편찬할 때 모범으로 삼았을 정도였으니까요.

신라 목간이 출토된 성산산성

하지만 성산산성은 신라가 쌓은 것으로 확인이 됐습니다. 동문·서문·남문 가운데 정문격인 동문은 물에 젖어도 무너지지 않도록 갈대·나무껍질·나뭇잎·나뭇가지 등으로 토대를 다지고 그 위에 쌓았습니다. 동문이 지형상 가장 낮은 자리여서 언제나 물에 젖어 있기 십상이어서 그랬습니다.

이를 부엽공법이라고 하는데 흙은 물에 젖으면 쉽게 물러지고 허물어지지만 나무와 풀은 더욱 엉겨서 단단해지는 성질을 신라 사람들이 알고 활용한 것입니다. 그 식물성 더미를 발굴했더니 나무토막에 글자를 써서 편지처럼 썼던 목간이 쏟아져 나왔습니다. 우리나라에서 나온 전체 고대 목간의 60%에 이를 정도로 엄청난 분량이었습니다.

이들 목간에는 신라의 관직명과 지명·인명 그리고 신라의 법령

성산산성에서 출토된 신라 목간

등이 적혀 있었습니다. 이로써 성산산성을 둘러싼 논란은 단박에 정리가 되었습니다. 아라가야가 아니라 신라 사람들이 쌓은 것이었습니다. 『일본서기』에는 562년에 신라가 아라 파사산에 성을 쌓았다는 기록이 있는데 성산산성과 연관이 있는지도 모릅니다.

　성산산성은 동문이 있는 데가 가장 낮고 맞은편 서쪽이 가장 높으며 북쪽과 남쪽은 어금버금하게 높습니다. 아주 높은 산은 아니지만 여기 마루에 서면 사방으로 트인 풍경이 눈에 담깁니다. 함안 이쪽 저쪽 골짜기에서 남강으로 흘러들어가는 여러 물줄기들과 그것들이 펼쳐놓은 들판까지 한눈에 장악되는 요충이기도 합니다.

700년 잠에서 깨어난 아라홍련

성산은 남·서·북 세 방면에서 한복판으로 가면서 낮아져 움푹하게 꺼져 있습니다. 이렇게 옴폭하게 꺼져 작은 분지를 이룬 다음 동쪽으로 골짜기가 나면서 열려 있습니다. 낮은 자리에는 습지가 형성돼 있는데 여기에 만들어져 있던 고려 시대 연못에서 연씨가 출토돼 700년 만에 꽃을 피웠습니다.

토종 DNA를 가진 아라홍련의 환생이었습니다. 함안박물관 들머리에는 이 아라홍련의 시배지가 있고 함안연꽃테마파크에도 일부 심겨져 있습니다. 함안에는 법수옥수홍련도 있습니다. 법수면에 있는 옥수늪에서 자생하는 연꽃으로 DNA가 신라 경주 안압지에서 출토된 연씨와 같았습니다. 이렇게 고유성과 순수성을 인정받아 서울 경복궁 경회루 앞 연못에 복원한 연꽃은 법수옥수홍련이 2007년 시집간 것이라고 합니다.

『함주지』를 보면 이 성산산성에는 오래 전부터 사람이 살고 있었다고 합니다. 토지와 마을을 지켜주는 성황신을 모시는 성황단과 무속 신앙의 귀신을 모시는 음사도 있었습니다. 그리고 함안군수가 세운 성산서원도 있었는데 얼마 가지 않아 성산 아래로 옮겨왔다고 합니다. 지금 현장에서는 서원 자리와 더불어 고려시대와 조선시대

집터도 한창 발굴되고 있습니다.

성산산성은 마을과 별로 떨어져 있지 않은데다 크게 가파르지도 않습니다. 이쪽저쪽에서 천천히 10분 안팎만 걸으면 쉽게 도달할 수 있습니다. 옛날에는 찾는 사람이 거의 없었지만 바로 아래 무진정과 이어지는 둘레길이 조성되면서 지금은 달라졌습니다.

길을 따라 오르다보면 금세 탁 트인 산성이 나옵니다. 무성했던 숲을 다듬어 만든 둘레길은 가볍게 산책하기에 그만입니다. 굽이마다 멋진 나무들이 보기 좋게 들어서 있습니다. 평상에 걸터앉아 바라보는 거리낌 없이 펼쳐지는 함안의 풍경도 일품입니다. 여러 시대의 역사와 유물이 어우러져 있는 성산산성은 이제 가벼운 걸음으로 한 바퀴 둘러보는 즐거움도 갖추고 있습니다.

5. 고려 시대의 역사 인물

郡景德王改今名高麗成　　倉庫邑倉在城西倉

直監務未付移王坐為郡不月　　海　　在鎭海縣

山翼面

홍건적을 물리친 이방실 장군(1298~1362)

이방실은 고려 말기의 장군으로 함안을 대표하는 유명 역사 인물입니다. 이방실은 충목왕이 즉위하기 이전에 왕자 신분으로 원나라에 있을 때 그와 동행하면서 보필하게 되는데 이때의 공적으로 충목왕이 즉위한 이후 중랑장에 이어 호군 벼슬을 얻었습니다.

그러다가 공민왕 시절에 한 등급 높은 대호군으로 임명되는데 이때부터 그의 활약이 본격적으로 펼쳐집니다. 첫 공적은 1354년 선성 다루가치 노연상이 일으킨 반란을 진압한 것입니다. 이방실 장군이 용주의 병사를 이끌고 강을 건너가 노연상의 집에서 부자를 찔러 죽였던 것입니다. 무엇보다 이방실의 활약은 홍건적의 침입을 물리치는 데서 잘 나타나고 있습니다.

1359년 12월에 중국 홍건적 두목 모거경이 4만의 무리를 이끌고 압록강 얼음을 건너 의주를 함락시켰습니다. 이때 부사 주영세·도지휘사 김원봉과 의주 백성 1000여 명이 목숨을 잃었습니다. 이방실 장군은 이들을 맞아 이듬해인 1460년 1월 황해도 철화에서 홍건적 100여 명의 머리를 벴습니다.

이어 중화 생양역에서 이방실 장군이 군사 2만을 모았는데 이를 알게 된 홍건적이 의주·정주·서경에서 사로잡은 고려 사람 1만 명을 닥치는 대로 죽여 시체가 산더미처럼 쌓였습니다. 이에 이방실은 서경으로 진격했고 홍건적은 용강·함종으로 물러났습니다.

2월에는 홍건적이 점령하고 있는 함종으로 진군했을 때 적군이

이방실 장군의 동상(가야읍 도항리 127-12)

정예 기병으로 돌격해 왔으나 잘 막아냈고 마침내 홍건적 2만 명을 참살하고 두목 황지선을 사로잡았습니다. 홍건적은 증산현으로 물러날 수밖에 없었고 이를 정예 기병 1000으로 뒤쫓으니 연주강을 건너 달아나다 얼음이 꺼져 빠져 죽은 적병이 수천 명이었습니다.

이방실 장군이 다시 뒤쫓으니 굶주림과 추위에 시달린 적들은 안주·철산 등 몇 고을을 이어 길에 깔릴 지경으로 쓰러져 죽었습니다. 고삐를 늦추지 않고 선주까지 추격하니 적들은 궁지에 몰린 쥐 신세가 되어 죽기살기로 달려들었습니다. 장군이 잠시 공세를 늦추자 홍건적은 압록강을 건너 달아났습니다. 그 숫자가 300명 남짓이었으니 쳐들어올 때의 4만에 견주면 1%도 채 되지 않았습니다.

홍건적은 3월에도 쳐들어왔습니다. 이번에는 육지가 아니라 바다였습니다. 적선 70척이 황해도 풍주와 안주에 있는 벽달 그리고 안주 바다 가운데 덕도·석도 등지에 닻을 내렸습니다. 그러더니 봉주에 들어와 성문을 불사르고 안악군에서도 재물과 곡식을 약탈하고 가옥을 불태워 없앴습니다. 이에 이방실 장군이 나가 풍천에서 물리치니 적들이 마침내 배를 타고 달아났습니다.

공민왕은 승전 이후 신하들에게 잔치를 베푸는 자리에서 이방실 장군의 전공을 칭찬하며 옥대와 옥갓끈을 내려주었습니다. 당시 옥구슬은 매우 귀한 보물이었습니다. 그래서 공주가 임금에게 이렇게 물었습니다. "전하는 어찌하여 보물을 아끼지 않고 남에게 주십니까?" 그러자 임금이 이렇게 답을 합니다. "우리 종묘사직이 폐허가 되지 않고 또 백성들이 무참하게 도륙되지 않은 것은 모두 이방실의 공적이다. 비록 살을 베어 주어도 오히려 보답할 수 없는데 하물며 이런 물건이겠는가?"

홍건적의 침략은 한 해도 거르지 않았습니다. 해가 바뀌어 1361년이 되자 겨울 10월에 홍건적 두목 반성·사유·관선생·주원수 등이 10만이 넘는 무리를 모아 압록강 건너 삭주에서 노략질했습니다. 이에 이방실 장군은 서북면 도지휘사가 되어 절령에 목책을 치도록 했습니다. 아울러 무주에 주둔한 적군이 너무 많아 군사를 거두어 물러나 지키는 한편 순천·은산·성천·양암·수덕·강동·삼등·상원 지역 현의 백성과 곡식을 절령책으로 옮겼습니다.

이방실 장군은 박천에서는 휘하 군사를 보내 적군을 무찌르게 하고 개천과 연주에서는 장군이 몸소 말을 타고 열 차례 넘게 공격하여 홍건적을 물리쳤습니다. 그러나 상원수 안우가 주둔하는 안주가 습격을 당해 고려가 패배하면서 상장군 등 여러 장수가 죽었습니다. 홍건적은 사로잡은 고려 지휘사 김경제를 앞세워 서둘러 항복하라고 을러대기까지 했습니다.

이처럼 상황이 어려워지자 공민왕은 개경 도성을 버리고 남쪽으로 피란하기로 결정합니다. 이 소식을 들은 이방실은 동틀 무렵 임금께 달려가 "서울은 지키지 않으면 안 됩니다"라고 아뢰었지만 정승들은 서로 돌아보기만 하고 아무도 말하는 사람이 없었습니다. 해가 뜨자 임금의 수레는 거둥을 시작했습니다. 가까이에서 모시던 신하들이 한길로 나가 크게 소리쳐 의병을 불러 모았으나 도성 사람들은 모두 흩어지고 응하는 사람은 몇 사람뿐이었습니다.

이방실 등은 어쩔 수 없이 "저희가 여기에 머물면서 적을 막겠사오니 임금께서는 거둥하소서"라고 아뢰었습니다. 임금의 행렬이 궐문을 나서는데 늙은이와 젊은이가 모두 엎어지고 넘어졌습니다. 들판에는 서로 내버린 자식과 어미가 가득 짓밟혔으며 곡성이 천지를 진동했습니다.

홍건적은 이날 서울을 함락시켰습니다. 몇 달 동안 진을 치고 머무르면서 소와 말을 죽이고 가죽을 벗겨 물을 뿌리고 얼려서 성을 만들었습니다. 남녀를 잡아 죽여 굽거나 임신부의 유방을 구워 먹는 잔학한 짓도 서슴지 않았습니다.

한 해가 지난 1362년 정월에 이방실 장군은 총병관 정세운, 원수 안우 등과 더불어 홍건적을 대패시키고 서울을 되찾았습니다. 진눈깨비가 내리는 바람에 홍건적의 방비가 느슨해지자 장군들이 군사를 이끌고 도성에 달려들어 홍건적 두목 여럿을 죽이고 10만 가까운 적병을 죽였습니다. 그러고는 달아날 수 있도록 두 문을 열어주자 홍건적들은 서둘러 빠져나가 압록강을 건너 달아났습니다.

홍건적을 물리치는 데 큰 공을 세운 이방실의 운명은 이후 전혀 예상하지 못한 방향으로 흘러갔습니다. 전공이 높아 두드러지면 반드시 시기하는 무리가 생기게 마련입니다. 김용은 평소 정세운이 임금의 총애를 받자 시기하였고 또 이방실과 안우·김득배가 큰 공을 이룩하자 임금이 소중하게 여길까 두려워하여 계략을 꾸몄습니다.

김용은 이방실 등이 정세운을 죽이도록 하고 이를 근거로 죄를 뒤집어씌워 모조리 죽이려고 했습니다. "정세운이 평소 경(이방실) 등을 시기하였으므로 적을 깨뜨린 뒤에는 반드시 재앙에서 벗어나지 못할 텐데 어찌 먼저 도모하지 않느냐?" 이렇게 내리지도 않은 임금의 명령을 가짜로 꾸며 이방실 등이 정세운을 없애도록 만들었습니다.

이에 이방실 장군은 안우·김득배와 만난 자리에서 "지금 정세운은 적을 두려워해 나아가지 않고 김용의 글은 이와 같으니 따르지 않으면 안 된다"고 했습니다. 그러자 김득배는 "이제 겨우 도적을 평정했는데 서로 베야 하겠는가. 신중하지 않으면 안 된다. 만약 어쩔 수 없다면 붙잡아 대궐로 보내 임금의 처분을 듣는 것이 옳지 않겠는가"

이방실 장군을 모시는 남강서원(군북면 소포5길 82)

라고 했습니다.

　이방실은 물러나 돌아왔으나 밤에 다시 들어가서는 "정세운을 토벌하는 것은 임금의 명령이다. 우리가 공을 이룩하고도 명령을 받들지 않으면 후환을 어찌하겠는가?"라고 했습니다. 김득배는 안 된다고 반대했지만 이방실과 안우 등은 술자리를 차리고 정세운을 맞아들이더니 도착하자마자 쳐 죽였습니다.

　이 소식을 들은 임금은 모든 장군에게 사면한다는 명령을 내려 안심시키고 자기에게 오도록 했습니다. 이때 김용은 안우를 먼저 유인하여 중문에서 문지기를 시켜 쳐 죽였습니다. 그리고 가짜 임금 명령을 전달했던 자신의 부하까지 누설하지 못하도록 베어 죽였습니다.

그러고는 임금에게 나아가 이렇게 아뢰었습니다. "안우 등이 주장을 멋대로 죽였으니 이는 전하를 업신여기는 것이므로 죄를 사면해 줄 수 없습니다." 이에 임금은 이렇게 명령했습니다 "안우 등이 불충하여 정세운을 멋대로 죽였으나 안우는 이미 처형되었다. 남은 이방실·김득배를 붙잡아 오면 세 등급을 올려서 벼슬을 주겠다."

　　임금은 곧바로 대장군 오인택, 어사중승 정지상, 만호 박춘·김유 등을 보내 잡아오도록 시켰습니다. 박춘 등이 어명을 전하려고 하자 이방실은 마당에 내려와 꿇어앉았습니다. 오인택이 칼을 뽑아 치자 엎어져 기절하더니 다시 깨어나 담장 너머로 달아났습니다. 이방실은 쫓아오는 박춘의 칼을 뽑으려다 뒤따라온 정지상의 칼에 맞아 죽었습니다. 김득배는 변을 듣고 달아나 산양현에 숨어 있다가 김유·정지상 등에게 죽임을 당했습니다.

　　상주에서 이방실·안우·김득배 장군의 목이 내걸리자 사람들이 탄식하면서 애도해 마지않았습니다. 다들 "우리가 편안하게 자고 먹을 수 있도록 한 것은 모두 세 원수의 공이다"라고 했으며 심지어 눈물을 흘리는 사람도 있었습니다.

　　이후 계략을 꾸몄던 김용이 어떻게 되었는지는 『동국통감』에서 볼 수 있습니다 "김용이 원수 이방실과 안우·김득배를 죽였는데 얼마 되지 않아 김용이 밀성으로 유배되니 하늘의 기운이 개어서 밝아졌다. 그를 능지처참하여 머리를 (서울에) 보내니 사관의 붓이 복주라고 썼다."

　　홍건적의 침입으로 나라가 위기에 빠졌을 때 많은 공을 세웠던 이방실은 그를 시기하는 무리의 계략으로 결국 목숨을 잃게 됩니다. 조선시대 이야기책 『용재총화』에는 이방실 장군이 무척 용맹했음을 알게 하는 내용이 나옵니다. 다소 과장되어 전설적인 인물로 그려져 있지만 사실 여부를 떠나 그 사람됨을 이를 통해 짐작해 볼 수 있습니다.

젊을 때 날쌔고 용감하기가 견줄 데 없었다. 일찍이 해서도를 유람하였는데 길에서 갑자기 헌걸차고 키 큰 한 남자를 만났다. 활과 화살을 잡고 말 앞을 가로막으면서 말하기를 "나으리는 어디로 가십니까? 모시고 가겠습니다"라고 했다. 방실은 그가 도적인 줄 알았지만 겁내지 않았다. 대략 10리 남짓 가니까 비둘기 한 쌍이 밭에 앉아 있었다. 도적이 말하기를 "그대는 맞힐 수 없지 않소?"라고 했지만 방실은 마침내 화살 하나를 쏘아 겹치게 맞추어 잡았다.

날이 저물자 비어 있는 원에 머물면서 차고 있던 활과 화살을 풀고 도적에게 말하기를 "나는 잠깐 말을 볼 테니 너는 좀 여기에 있어라"라고 했다. 방실이 뒷간에 걸터앉으니 도적이 활을 갖고 가득 당겨 쏘았다. 방실은 날아오는 화살을 잡아서 뒷간 틈에 꽂아두었는데 이렇게 한 것이 열 몇 차례였다. 한 통의 화살이 다 떨어지자 도적이 그 용맹에 감복하여 살려달라고 절하며 용서를 빌었다.

옆에 상수리나무가 있었는데 높이가 여러 길이었다. 방실이 몸을 바로 위로 솟구쳐 곧게 올라가 나무 끝을 잡고 구부리더니 한 손으로 도적을 붙잡아 머리카락을 나무 끝에 매달고는 칼로 그어 머리가죽을 벗겼

윤환 등 칠원 윤씨 다섯 선현을 모시는 홍포사(칠서면 공단북안길 66)

다. 나무 끝이 당겨져 일어났는데 기세가 까마득한 하늘을 지날 정도였
고 머리카락은 모조리 뽑히고 몸은 땅에 떨어졌는데 방실은 돌아보지
않고 가버렸다.

늘그막에 지위가 높아져서 그 땅을 다시 지나가다가 한 농가에 머물러
묵었다. 집이 매우 큰 부자였는데 노인이 지팡이를 짚고 나와 맞이하며
술과 안주를 크게 베풀었다. 술자리가 무르익자 노인이 눈물을 흘리며
말하기를 "내가 젊었을 때 용맹을 믿고 도적이 되어 행인을 무수히 죽

이고 약탈했는데 견줄 데 없이 용맹한 귀신같은 한 소년을 만나 죽이려 했다가 도리어 해코지를 당해 죽다가 되살아났습니다. 그로부터 잘못을 뉘우치고 오직 농사일에 힘쓰면서 다시는 사람을 쓰러뜨리거나 재물을 취하지 않았습니다"라고 했다. 이에 모자를 벗어 머리를 보였는데 이마가 민둥민둥해서 과연 머리카락이 없었다.

방실은 여동생이 있었는데 역시 날쌔고 용감하기가 견줄 짝이 없었다. 일찍이 작은 나뭇가지를 벽에 꽂아놓고 여동생이 가지 위를 걸어갔다. 방실이 걸으면 가지가 움직였지만 여동생이 가면 흔들리지 않았다. 여동생이 또 하루는 파리한 하인과 지친 말로 남쪽에 이르러 강을 건너는데 뱃사람이 먼저 건너려고 다투면서 동생을 겨드랑이에 끼고 내렸다. 동생이 크게 화가 나서 노를 갖고 뱃사람을 마구 쳤는데 굳세기가 나는 송골매와 같았다.

일찍이 노블레스 오블리주를 실천한 윤환(1303~1386)

『고려사절요』를 보면 윤환은 1328년부터 1386년까지 58년 동안 이름이 나옵니다. 이렇게 오랜 세월에 걸쳐 벼슬을 하며 섬긴 임금이 충숙왕·충혜왕·충정왕·공민왕·우왕으로 무려 다섯 명입니다. 그러면서 문하시중이라는 벼슬을 세 차례 역임했습니다. 문하시중은 조선 시대의 영의정에 해당하는 벼슬인데 요즘으로 보자면 대통령 바로 아래 국무총리입니다.

윤환의 무덤(칠원읍 유원리 산 182-2)

　당시는 중국에서 원나라가 지고 명나라가 뜨는 격변의 시기로 고려에서는 친원파와 친명파의 대립이 극심했습니다. 변화무쌍한 시절임에도 최고 벼슬을 세 번이나 지냈으니 정치 수완과 감각이 누구보다 빼어났던 모양입니다. 또 칠원부원군, 칠원후, 칠원백으로도 임명된 것을 보면 칠원을 실질적으로 소유한 대단한 인물이었습니다.

　보통 이런 고관대작은 이웃과 주변 사람을 업신여기기가 쉬운데, 윤환은 전혀 그렇지 않았습니다. 칠원뿐 아니라 경기도 곳곳에도 농지를 보유하고 있었을 정도로 엄청난 부자였는데 이웃들을 위해 좋은 일을 많이 했습니다.

　"돌아와 칠원에 있을 때 크게 흉년이 들어 사람들이 서로 잡아먹는 지경이 되자 윤환은 재산을 풀어 그들을 구제했다. 또 가난한 백성들에게 재물을 빌려주고 받은 증서는 모두 모아서 불태워 버렸다."

사회지도층일수록 사회에 대한 책임을 다해야 한다는 노블레스 오블리주를 윤환은 700년 전에 이미 실천하고 있었습니다. 백성들이 굶주리자 곡식을 풀었을 뿐만 아니라 재물을 빌려간 이들의 빚까지 탕감해 주었던 것입니다.

요즘은 '노블레스 오블리주'라는 말이 흔하게 사용되고 있습니다. 고귀한 신분으로 태어난 사람은 행동도 고귀해야 한다는 뜻입니다. 여기서 고귀한 행동이라는 것은 우아하고 고상하다는 것이 아니라 어려운 사람들에 대한 배려나 나눔을 실천하는 행위라고 해석을 하는 것이 맞습니다.

훌륭한 인물이다 보니 이런 신기한 이야기도 함께 전해집니다.

"때마침 오래 가물었는데 윤환의 농지에서 물이 솟아나더니 백성들의 농지까지 흘러들었다. 그 덕분에 크게 풍년이 들었으니 남녘 백성들이 모두 칭송했다."

고려 충신 이오

함안에서 남해고속도로를 타고 창원 쪽으로 가다가 보면 산기슭에 양지바른 남향으로 자리잡은 고려동 마을이 보입니다. 고려동이라는 마을 이름은 고려 충신 이오와 관련이 있습니다. 고려가 망하자

배롱나무 꽃이 피어 있는 고려동 유적지의 자미단(산인면 모곡리 579-2)

고려 진사 이오는 함안으로 들어와 숨어 지내게 됩니다.

　이오가 함안과 인연을 맺고 고려동에 들어온 것은 마을 입구에서 있는 자미화 덕분이었습니다. 이오는 고려 말엽 밀양에 있으면서의령으로 왕래하는 길이 많았는데 밀양이 본가이고 의령이 처가였는데 지금 고려동 자리가 오가는 길목이었습니다. 이때 무성한 수풀 사이로 아름답게 핀 자미화가 보기 좋아서 그 아래에 말을 풀어놓고 노닐다가 드디어 자리 잡고 살게 되었다고 전해집니다.

　이오는 조선에 벼슬을 하지 않았습니다. 마을 입구에 있는 고려교를 경계로 삼아 조선과는 거리를 두고 손수 밭을 일구어 자급자족을 하고 살았습니다. 하지만 자손들에게는 이러한 삶을 강요하지 않

고려동 유적지 종택(산인면 모곡2길 53)의 자미정

았다고 합니다. 고려에 대한 충성과 절개는 이오의 몫으로 족하다고
생각을 했던 것 같습니다. 『함주지』에는 장원급제를 하거나 관찰사
같은 높은 벼슬을 한 인물로 이오의 후손이 적지 않게 실려 있습니다.

"이맹현·중현과 이상·윤침은 모두 공의 후손으로 함께 조정에
서 높아져 자미원에 드나들었으니 사람들은 자미나무가 비로소 응답
했다고 여겼다. 그 뒤 100년 사이에 나무가 말라 죽고 남아 있던 것은
오직 아름드리 옛 등걸이었는데 등걸은 또 남김없이 썩어 문드러진
것이 거의 30년 남짓 지났다. 병자년(1576년) 연간에 더부룩한 그루터
기에서 다시 싹이 나더니 지금 여러 길이 된 나머지 꽃이 핀 것이 또
여러 해 되었다.

여기에 나오는 자미원은 임금이 사는 궁궐을 가리킵니다. 자미

이오 부부의 무덤(가야읍 혈곡리 산21)

나무와 궁궐을 이렇게 연결지었습니다. 이오의 후손들은 마을 입구 자미나무가 무성하면 번성하고 그 반대가 되면 쇠퇴하는 조짐으로 삼는다고 합니다.

고려 충신 조열

고려 말 공조전서를 지냈던 조열도 고려가 망하자 함안으로 돌아와 지냈습니다. 그는 고려를 향한 일편단심으로 남은 생을 살았습니다. 이를 짐작할 수 있는 이야기는 여럿 있습니다. 먼저 거문고 실력이 뛰어났던 그에게 조선 태조가 연주를 요구하자 "전왕의 연석에서도 고사했는데 지금 왕의 청을 받아들이면 후일 무슨 면목으로 선왕을 지하에서 뵙겠습니까"라며 거절했습니다. 비슷한 일화는 또 있습니다. 태조 다음에 임금에 오른 정종이 어진(임금의 초상)을 부탁하자 공민왕의 요청에도 불응했다는 이유로 거절한 것입니다. 옳고 그름을 떠나 대단한 충절이라 할 수 있겠습니다.

『함주지』에 조열의 충절에 관한 기록이 나옵니다.

"공민왕 때 벼슬이 공조전서에 이르렀는데 벼슬을 버리고 고향에 돌아와 자기가 섬기는 바에 마음을 다하였다. 조선 태조 이성계가 나라를 세우면서 가선대부 공조전서로 부름을 받았으나 다시 벼슬을 하지 않았다. 거문고와 그림에 의지해서 세상을 벗어나 숨었다."

이때 판도판서 벼슬을 지낸 만은 홍재라는 인물도 역시 벼슬을 버리고 지금은 합천이 된 삼가 두심동에 돌아와 숨어 지냈습니다. 모은 이오·금은 조열·만은 홍재를 더해 영남 삼은이라고도 합니다. 이 세 사람이 함께 서로 오가며 세상일에 애가 타서 눈물을 훔쳤다는 이야기가 『함주지』에 나옵니다.

"어느 날 밤에 판서 성만용·평리사 변빈·박사 정몽주·전서 김성목·대사성 이색 등이 약속 없이 모여서 술잔을 잡고 회포를 풀었다. 목은이 말하기를 '은나라에 어진 세 사람이 있었는데 비간은 죽고 미자는 가고 기자는 종이 됐으니 제각각 뜻에 따라서 행합시다'라고 하니 모두 '그럽시다'라고 말했다.

만은이 마침내 벼슬을 버리고 돌아가 농사를 짓기로 뜻을 정하고 삼가 대평촌에 이르러 자리 잡고 살면서 두심동이라 이름했으니

오직 함안 사람 전서 조열과 진사 이오가 늘 대지팡이와 짚신으로 서
로 오가며 세상일에 애달파했다. 고려가 운이 다하자 두 분과 더불어
운구에 모여 위로하며 슬픈 노래를 애달프게 읊다가 돌아가니 사람
들이 맥수가나 채미가에 비유했다."

고려 충신 조순

고려 우왕의 명령으로
요동정벌에 나섰다가 나중
에 조선 태조가 되는 이성계
의 위화도 회군을 현장에서
겪었던 인물이 조순입니다.
위화도에 이르러 군사를 돌
리는 것으로 여러 사람들의
의논이 모였으나 조순은 반
대했습니다 "제후국으로서
천자국을 침범하는 것은 실
로 안 되지만 명령을 바꿔 달
라고 (임금에게) 청하지도 않
고 군사를 돌리는 것은 더욱
안 된다"

조순 장군비(가야읍 검암리 586-1) ©문화재청

조순은 이성계가 집권하는 과정을 생생하게 봤으면서도 끝까지 절개를 굽히지 않았다고 합니다. "곧바로 고향으로 돌아와 문을 닫고 나가지 않았다. 태조가 조선을 건국하고 여러 차례 불렀지만 몸을 일으키지 않았다. 특별히 명령해 집 앞에 하마비를 세웠는데 뒷날 자손들이 불량해서 사람들이 부수어 버렸다."

道監務恭愍王陞爲郡本朝

郡景德王改今名高麗成

倉庫邑倉在城西倉

每倉八□□在鎭海縣

조려를 비롯한 생육신을 모시는 서산서원(군북면 사군로 1235)

생육신 어계 조려

문종이 일찍 죽고 어린 단종이 왕위에 오르자 작은아버지 수양
대군은 단종을 몰아내고 왕위를 차지하게 됩니다. 이 사건을 두고 도
리에 맞지 않다고 반대한 신하들이 많았는데 조려도 그중의 한 사람
입니다. 세조가 단종을 쫓아내고 임금이 된 뒤 조려는 함안 백이산에
서 거처를 했습니다.

"1453년에 진사가 되었는데 하루는 동료들과 헤어지고 돌아오
더니 다시는 세상에 나가지 않고 죽을 때까지 물고기를 낚으며 스스

조려의 무덤(법수면 강주리 산53)

조려 신도비각(법수면 강주리 산53)

로 즐거워했다. 대체로 생육신 김시습과 같은 마음이었으나 그 자취를 숨기고 감췄기 때문에 사람들이 다 알지 못했다.

날마다 이른 아침에 옷깃을 바로 하고 책을 읽다가 마음에 드는 자리를 만나면 문득 즐거워하며 밥 먹는 것도 잊었다. 손님이 오면 깨끗한 자리에서 서로 보고 이야기하는 것이 오직 누에치고 길쌈하는 것이었다. 간혹 지팡이를 끌고 거닐면서 천년 세월에 대해 휘파람을 불고 시를 읊었는데 시에서 보이는 것은 왕왕 채미가가 남긴 뜻이었다고 한다."

단종에게 충성을 바친 조려에 대한 이런 기록은 1587년 펴낸 『함주지』 1권에는 없습니다. 그런데 1740년과 1840년 전후에 간행된 『전집』과 『후집』에는 그 내용이 나옵니다. 1권을 편찬하면서 모르고 놓쳤던 것일까요, 아니면 어떤 사정이 있어서 알고도 빠뜨렸던 걸까요.

지금은 국민이 나라의 주인이지만 옛날에는 임금이 백성 위에 군림했습니다. 단종을 내쫓고 임금에 오른 세조 이후 왕위는 세조의 후손들이 차지했습니다. 단종에게 충성을 바친 조려가 『함주지』를 비롯한 공식 기록에 기릴 만한 인물로 올라갈 수 없었던 까닭이라 할 수 있겠습니다.

그러다 숙종이 1688년에 노산군으로 강등돼 있던 단종을 정식 임금으로 복권시킵니다. 그러면서 단종의 충신들, 성삼문 같은 사육신과 김시습 같은 생육신도 이름을 올릴 수 있게 되었습니다. 이듬해 군북면에 서산서원을 짓고 조려를 비롯해 김시습·원호·이맹전·성담수·남효온 등을 생육신 여섯 분을 모신 것도 같은 맥락입니다.

용퇴하고 무진정을 지은 조삼

성산산성 동쪽 산기슭에 자리를 잡고 있는 무진정에서는 해마다 사월초파일이 되면 낙화놀이가 벌어집니다. 낙화놀이를 보기 위해 함안은 물론 주변 도시에서도 사람들이 모여듭니다. 성산산성과 이어지는 길을 내고 산성 둘레길을 만들어 함안의 대표명소로 자리 잡았습니다. 무진정을 지은 사람이 바로 옛 목사 조삼이었습니다.

정자는 대부분 산 좋고 물 좋은 데 자리 잡고 있습니다. 그런데 목사 출신 조삼이 지은 무진정은 사람들이 많이 지나다니는 곳에 있습니다. 보통 사람들 눈에는 그저 그렇게 보일 수 있는 데서 명당자리를 찾아내 무진정을 지었다는 이야기가 『함주지』에 있습니다.

"처음에는 큰길가의 일개 거친 언덕이었고 또 이 고을에서 번화한 자리였다. 하늘이 숨겨둔 땅도 아니고 감추지도 않았다. 오가는 사람이 하루 천만 명이라도 이 경치 좋은 곳에 정자 세울 줄 아는 사람이 없었다.

오직 선생이 한 번 보더니 가시덤불을 베어내고 정자를 이루었다. 옛 길을 옮기고 아름다운 나무를 심으니 길가는 이들이 보고 신선이 사는 것 같다고 했다. 정자의 경치는 다함이 없고 선생의 즐거움 또한 다함이 없다. 다함이 없음이 모여 무진정 이름이 됐으니 선생의 명성도 더불어 함께 다함이 없다. 선생의 성함은 삼이고 자는 노숙인데 함안군 사람으로 참으로 후덕한 어른이다."

정자의 규모는 두 채로 서쪽은 온돌방으로 했고 동쪽 북쪽은 모

무진정

무진정에서 사월초파일에 펼쳐지는 함안낙화놀이

조삼의 무덤(함안면 괴산리 산2)

두 창문이며 밖에는 뜰이 있는데 마치 바둑판 같다고 했습니다. 주변 풍경을 자세히 묘사해 놓은 것을 보면 상전벽해라는 말이 걸맞을 만큼 지금의 모습으로 보자면 감히 상상하기 어려운 멋진 광경입니다.

"정자 아래는 푸른 절벽에 대천인데 남쪽에서 흘러온 것으로 맑은 거울처럼 모여서 옥대처럼 둘러싸 있으면서 패옥 같은 소리를 내다가 절벽을 두르고는 북쪽으로 흘러 풍탄으로 들어간다. 하천 건너편에는 벽오동이 가히 1000그루이고 동쪽을 바라보면 여러 봉우리가 모두 소나무와 전나무로 울창한데 10리 정도이다.

남쪽을 바라보면 우뚝하게 높이 솟아 하늘을 받치는 으뜸가는 산이 있는데 정자와 바로 마주하는 파산이다. 북쪽을 바라보면 천리가 눈에 가득한 큰 들판으로 무성한 보리의 푸른 물결이 하늘을 뒤흔

들고 곡식이 익으면 누런 구름이 땅을 덮는다."

조삼은 문과에 급제해서 상주와 함양을 비롯해 다섯 고을 수령을 지냈습니다. 명당자리를 찾아내는 안목도 훌륭하지만 주세붕이 평가한 글을 통해서 그의 인품을 짐작해 볼 수 있습니다.

"선생은 눈앞의 산을 가리켜 죽은 뒤 묻힐 자리로 삼았으니 이는 능히 천명을 알았던 것이다. 능히 천명을 알았으니 능히 용퇴를 했고 능히 용퇴를 했으니 능히 이런 즐거움이 있게 됐다."

벼슬살이는 영예롭기도 하지만 치욕스러운 것도 있습니다. 그래서 때로는 내려놓지 않으면 도리어 화가 미칠 수 있습니다. 옛날에는 과감하게 물러나는 것을 귀하게 여겼고 그렇게 물러날 줄 아는 인물을 군자로 꼽기도 했습니다.

조삼은 시간 가는 줄 모르고 밥 먹는 것도 까먹을 정도로 책 읽는 것을 좋아했다고 합니다. "자정부터 책을 읽었는데 아침 밥상과 점심 밥상이 차례로 들어왔다가 물렸어도 알지 못하고 있었다. 저물녘에 배가 고파서 '왜 아침밥도 차리지 않고 점심도 내어오지 않았느냐?'고 물었더니 하인이 사실대로 모두 아뢰었다." 이런 소문을 듣고 임금이 당나라 역사책과 『대학』을 하사한 일도 있었다고 합니다.

서원을 최초로 세운 주세붕

함안에서도 삼칠 지역(칠원읍·칠서면·칠북면) 출신으로 가장 유명

한 역사 인물은 신재 주세붕입니다. 주세붕은 풍기군수로 있으면서 우리나라 최초의 서원 백운동서원(소수서원)을 창건한 인물로 교과서에 나올 만큼 유명합니다.

주세붕의 업적은 서원을 세운 것에 그치지 않았습니다. 학생들을 모아 가르치려면 건물만 있다고 해서 되는 것이 아닙니다. 그밖에 다른 많은 것들이 필요합니다. 학교가 유지되기 위해서는 무엇보다 재산이 있어야 하는데 그 일을 선생이 직접 나서서 책임을 졌습니다.

"순흥 백운동에 서원을 세우고 제사를 지내고 학생들을 가르치도록 했으며 제자백가의 서적을 장서로 갖추고 교육과 학습에 필요한 경비를 마련하기 위해 농지도 장만했다. 우리나라에서 서원의 시작은 대체로 이 소수서원에서 비롯되었다."

주세붕이라는 인물을 역사에서 크게 치는 이유는 서원의 설립으로 여태까지는 없었던 새로운 교육제도가 생겨났다는 데 있습니다. 이 전에는 교육기관이 나라에서 고을마다 하나씩 세운 향교밖에 없었습니다. 그러다 보니 공부를 하고 싶어도 향교 말고는 갈 데가 없어 그만큼 교육의 기회가 적었습니다. 소수서원이 생기면서 전국 모든 고을에서 이를 본받아 서원을 세우게 됩니다. 이를 높게 평가하는 기록이 『명종실록』에 나와 있습니다.

"서원이 옛날에는 없었다. 서원의 설치에 대해서는 전에 들어보지 못했으니, 이는 실로 커다란 결점이었다. 주세붕이 여기에 뜻을 두고 사람들의 비웃고 헐뜯는 것을 무릅쓰고 처음으로 서원을 세웠으니 옛 군자보다 공적이 조금도 뒤지지 않는다."

주세붕의 무덤(함안군 칠서면 계내리 576)

주세붕을 모시는 사당 무산사(칠서면 무릉길 75)

"우리 동방에 문학이 융성해질 것이 반드시 이로부터 비롯되지 않을 수 없을 것이니 주세붕의 공로가 어찌 적다 하겠는가."

선생이 벼슬을 하면서 백성들을 잘 다스렸다는 내용도 나옵니다.

"풍기군수로 있을 때 영남에 큰 흉년이 들었는데 자신의 생활을 위해서는 조금만 쓰고 백성들에게 많이 내주었으며 머리가 희끗희끗하게 센 늙은이 이상은 식량을 좀 더 얹어 주었다."

"벼슬에 있으면서 일을 처리할 때는 반드시 도리를 다했기 때문에 백성들은 상을 주지 않아도 스스로 힘썼으며 벌을 주어도 원망하지 않았다."

『중종실록』에는 잘못한 백성이 있어도 윽박질러서 강제로 고치지 않고 그 마음을 움직여서 스스로 바로잡도록 했다는 기록도 있습니다.

"동생의 재물을 빼앗으려는 백성이 있었는데 주세붕이 그 백성을 시켜 동생을 업고 종일 뜰을 돌게 했다. 몹시 지치게 되었을 때 불러 묻기를 '너는 동생이 어려서 업어 기를 때도 빼앗을 생각을 가졌었느냐?' 하니 그 백성이 크게 깨달아 부끄럽게 여기며 물러갔다."

주세붕 선생은 30년 동안 벼슬을 했습니다. 그동안 받은 봉급이 적지 않았지만 세상을 떠나고 나서 보니 자기 앞으로 남겨놓은 재산이 거의 없었습니다. 봉급을 자신을 위해 쓰기보다는 사회에 아낌없이 환원을 한 것입니다. 오늘날 강조하는 노블레스 오블리주를 이미 오래전 몸소 실천을 했던 인물로 인품이나 업적이 통째로 본받을 만한 것이라 할 수 있습니다.

"의복은 가난한 선비와 같았고 고기도 좋은 고기는 먹지 않았으며 앉을 때는 털방석에 앉지 않았으며 마구간에는 좋은 말이 없었고 집도 빌려서 살았다. 봉급이 풍족했지만 입고 먹는 것 이외에는 불쌍한 사람들에게 나누어 주었다."

주재성과 무기연당

함양과 합천에서 반란이 일어나 경상도 사람들이 모두 벌벌 떨고 있을 때 아랑곳하지 않고 용감하게 나선 인물이 있었습니다. 임진왜란에 이어 정묘·병자 두 호란이 일어난 지 90년 즈음 되는 1728년에 이인좌·정희량의 반란이 일어나자 칠원 사람 주재성이 몸을 던졌습니다. "내가 평민이라 (관직이 없는 바람에) 나라에서 300년 동안 길러준 은혜를 보답할 길이 없었는데 지금은 보답할 길이 여기에 있다"

여러 고을의 뜻있는 이들에게 함께 떨쳐 일어나자는 호소문을 돌리고 직접 전투복과 칼을 갖추고 싸우러 나섰습니다. 군사를 이끌고 분치령 고개를 지키면서 반란군을 막아냈습니다. 이때 낙동강을 건너면서 지은 시가 있습니다.

슬프고 분한 마음으로 배에 올라 두 손 맞잡고 맹세하니
강바람이 화내어 몰아치고 물결 또한 울부짖네.
임금과 신하 사이 의리가 무거우니 한 번 죽음은 가볍구나.
주재성은 여기서 그치지 않고 군사들이 먹을 양식으로 나락을

300섬이나 내놓았습니다. 한 섬이 200kg이니까 600톤, 5톤 트럭으로 120대가 되는 엄청난 분량입니다. 밥 지을 솥이 모자라자 구리를 1000근(1근=600g) 장만해 솥도 만들 수 있도록 했습니다.

　이렇게 곡식을 내놓고 재물을 보태고 자기 한 몸까지 바쳤으니

무기연당

반란군을 진압한 다음에 임금은 당연히 주재성에게 벼슬을 내렸습니다. 그런데 세 번씩이나 벼슬을 주라고 시켰음에도 어찌 된 일인지 조정에서 실행이 되지를 못했습니다.

일이 이렇게 되면 억울하고 분한 마음이 생기는 것은 당연한 일입니다. 그런데 자연과 더불어 살았던 주재성은 그러거나 말거나 아무런 동요가 없었습니다. 그에 대한 후대의 평가가 『칠원읍지』에 이렇게 적혀 있습니다.

"나라가 그에 힘입어 온전했는데도 낮은 벼슬조차 한 자리 얻지 못했다. 그런데도 태연히 지내면서 국화가 추울 때 피고 늦게 향기를 낸다는 뜻을 가져와 호를 국담이라 하고 '세상은 나를 버렸고 나는 세상을 버렸다'고 자처했다."

『칠원읍지』에는 주재성이 거닐었다는 무기연당이 이름 대신 '숨어 지내는 선비의 두건을 쓰고 지팡이와 나막신으로 서성거렸던 못과 정자, 꽃과 돌이 있는 언덕'이라고 나옵니다. 숨어 지내는 선비는 무기연당의 주인인 주재성을 말하고, 못과 정자 그리고 꽃과 돌이 있는 언덕은 무기연당의 모습을 그린 것입니다.

집안에 못을 파서 국담이라고 이름을 붙였습니다. 국담은 추위 속에 피는 국화가 짙은 향기를 내뿜는다는 뜻으로 주재성의 호이기도 합니다. 못 옆에다 정자를 짓고 하환정이라고 불렀습니다. 정승·판서 벼슬인들 여기 이 풍경과 바꾸지 않겠다는 뜻을 담은 이름입니다.

못과 정자 주변에 쌓아올린 돌은 축대를 이루어 둘레보다 도도록하게 높은 언덕이 되었고 주변으로 화초를 심어 무기연당을 완성했습니다. 하환정에 앉아서 못과 꽃을 감상하고, 돌 언덕을 가로세로 거닐면서 화초를 가꾸는 주재성의 모습에서 세상이 자기를 어떻게 대접하든 아랑곳하지 않겠다는 선비의 기개를 느낄 수 있습니다.

무기연당의 연당은 연을 심은 못이라는 뜻인데 원래는 연이 국

1850년대의 무기연당을 그린 하환정도 ⓒ함안군청

담에서 자랐지만 나중에 관리를 위해 없앴다고 합니다. '무기'에는 벼슬이나 지위에 신경 쓰지 않고 흐르는 물에 몸을 씻고 불어오는 바람을 쐬며 자연 속에서 지내겠다는 뜻이 담겨 있습니다. 세상의 인심에 매이지 않고 자신만의 길을 가겠다는 주재성의 의지를 짐작할 수 있습니다.

문을 열고 들어서면 가로로 기다란 네모 모양의 국담이 있고 한 가운데 솟아 있는 돌로 만든 석가산이 시선을 사로잡습니다. 기다란 국담의 왼편 끝자락에 화환정이 있습니다. 왼편에 서서 국담에 그림자를 늘어뜨리는 소나무가 일품입니다. 그러다 또 왼쪽으로 고개를 돌리면 하환정보다 조금 큰 건물이 보이는데 풍욕루입니다.

한자를 그대로 옮기면 '바람으로 목욕을 하는 누각'이라는 뜻입니다. 풍욕루는 주재성이 처음 무기연당을 지었을 때는 없었다고 합니다. 세월이 흐른 뒤에 후손들이 새로 장만해 들인 것입니다. 풍욕루가 무기연당의 일원이 되면서 움직이는 동선이 길어졌습니다.

그 앞으로 내려가는 계단이 놓이게 되면서 국담은 그냥 바라만 보던 대상에서 발을 적시고 즐기면서 함께 사색을 할 수 있는 곳으로 바뀌었습니다. 국담을 중심으로 한 바퀴 걷다 보면 움직임에 따라 계절 따라 제각각 다른 풍경이 펼쳐집니다. 눈에 보이는 것보다 마음에 담기는 규모는 훨씬 크고 넉넉합니다.

무기연당은 전남 담양군의 소쇄원과 더불어 우리나라에서 으뜸 가는 조선 시대 정원으로 꼽히고 있습니다. 규모가 크지 않지만 답답하지 않고, 고요하지만 심심하지 않은 아름다운 전통 정원의 매력을

주재성 창의비각(칠원읍 무기리 984)

가장 잘 보여주고 있습니다.

　주재성은 반란을 진압하는 데에 공을 세운 것도 훌륭한 일입니다. 하지만 그에 걸맞은 대우를 받지 못했음에도 아랑곳하지 않았고, 대신 이렇게 그럴듯한 정원을 꾸며놓고 유유자적 살았다는 것이 더 훌륭할 수도 있습니다.

直監務恭愍王坐為郡本朝

郡景德王改令名高麗成

倉庫邑倉在城西倉

每舍八庫在鎮海縣

青童山

山翼面

冷井橋

임진왜란이 끝난 지 430년의 세월이 흘렀습니다. 지금 사람들은 대부분 영화나 드라마나 책을 통해서 임진왜란을 경험하다 보니 승전의 장면에 열광하고 두드러진 몇몇 영웅들만 기억하는 경우가 많습니다. 그러나 드러나지 않은 수많은 사람들의 희생과 노고가 있었기에 지금의 우리가 존재할 수 있었습니다. 우리가 그들을 찾아 기리고 기억해야 할 이유이기도 합니다.

임진왜란과 관련해서 왜적과 맞서 싸웠던 사람들의 기록이 여러 군데에 남아 있습니다. 후손을 잘 만나 기록을 많이 남긴 경우도 있고 그 반대 경우가 있을 수 있습니다. 전투에 참여했던 사실이 확인되면 공훈의 크고 작음이나 전투의 규모와 상관없이 실었습니다. 이겼느냐 졌느냐도 중요하지 않습니다. 마음을 낸 것 자체가 얼마나 귀한 것인 지를 잘 알기 때문입니다. 함안 사람들이 임진왜란 때 어떻게 나라를 위해 싸웠는지를 살펴봤습니다.

김언수

1588년 무과에 급제해 수문장을 지냈던 김언수는 임진왜란이 일어나자 의병을 모아 삼봉산의 자산에서 왜적과 싸웠습니다. 이듬해 성주에서 전사했는데 선무원종이등공신으로 기록되어 있습니다. 김언수를 모시는 가야읍 묘동의 삼봉재 기문에는 다음과 같이 기록되어 있습니다.

"임진왜란에 의병을 일으켜 가동(집안의 종)과 마을 장정들을 지휘해 최초의 방어진지를 구축함에 산을 배경으로 횃불로 하늘을 붉게 물들이고 북소리로 땅을 진동시키니 적이 위력이 막강한 것으로 착각하고 감히 경계 내에 접근치 못하더라. 수개월을 버텼으나 세력이 중과부족이라 승전이 어렵다고 판단해 곽재우 장군에게 수백 명의 군병을 지원받아 파산 방어진지에서 공격해 적병 상당수를 살상하고 생포하는 전공을 세웠다.

1593년 여름 성주·홍주 등의 목사와 합동 공격으로 수백의 왜병을 살상해 두 번째 전공을 세웠다. 장군은 몸에 크고 작은 상처가 수십 곳이었는데 두 목사와 같이 전사하고 부하 의병들도 모두 전사했다. 집안 하인 백종이 살아남아 왜병이 물러간 뒤 시신을 업고 돌아와 장사지냈다. 이 사실과 공적은 삼봉일기와 선무원종공훈록에 수록되어 있다."

박제인

1536년 태어난 황암 박제인은 1592년 임진왜란 당시 의병을 모으는 역할을 했습니다. 5월 25일 정암진전투 이후 황곡 이칭과 모촌 이정이 군북으로 돌아와 박제인과 함께 팔십여 명을 모아 의병을 일으키고, 나중에 대소헌 조종도가 가세하면서 며칠 만에 5000명으로 불어난 기록이 황곡 이칭의 행장에 남아 있습니다. 다만 당시 나이가

57세여서 실제 전투에 참가하기보다는 의병을 모으고 참모 역할을 했을 것으로 짐작이 됩니다.

박진영

검암에서 태어난 박진영은 임진왜란이 일어나자 말 달리고 활 쏘며 몸을 일으켰습니다. 1592년 4월 15일 왜적에게 동래성이 함락되자 황곡 이칭이 100여 명의 의병을 모집해 둘째동생 충순당 이령

박진영을 모시는 청금재(산인면 내인길 187)

장군에게 딸려 김해성으로 보냅니다. 이때 23세였던 장군도 전국 최초의 의병으로 출전을 했습니다.

4월 18일 김해부사 서예원이 성을 버리고 도망갔음에도 20일까지 버텼습니다. 하지만 적병이 너무 많아 무익하게 죽기보다는 일단 후퇴하기로 했습니다. 그래서 이령 장군이 목숨으로 지켜주는 사이 이숙(외삼촌)·신초(영산 의병장)·이명화(이령의 둘째아들)와 함께 포위망을 뚫고 탈출했습니다.

대현고개를 넘어오는 적을 막고 칠원에서 왜적을 격퇴하기도 했으며 나중에는 달아나는 왜적을 지금의 진동까지 추격해 참살하기도 했습니다. 한번은 승세를 타고 적을 좇아 50여 리를 달렸는데, 그제야 비로소 적탄이 오른쪽 옆구리를 뚫고 지나간 것을 뒤늦게 알게 된 적도 있다고 합니다.

6월에 왜군이 선조의 묘소를 파헤치자 이를 무찔렀으며 유숭인 함안군수와 함께 빼앗긴 함안읍성을 되찾고 이방좌 칠원현감과 더불어 창원까지 수복했습니다. 1594년에는 도원수 권율 장군의 휘하에서 활동했으며 1595년에는 복병장으로 왜적 100명을 사로잡기도 했습니다.

1602년 6월 완공된 권율 장군 전첩비 비문에는 전공을 세운 인물로 장군의 이름도 올라 있으며 뒷날에는 선무원종이등공신으로 꼽히기도 했습니다.

1624년 이괄이 반란을 일으키자 우협대장으로서 반란군 이윤서, 유순무, 이신, 이탁 등을 투항하게 만들고 아들 박유룡·임룡과 함께 반란군 진압에 결정적인 공을 세워 세 부자가 함께 진무일등공신에 책록되는 기록을 남겼습니다.

이때의 일이 『서정록』에 실려 있습니다. "이괄의 난에 황해도 방어사로서 적진에 편지를 보내 한때 협박에 따르도록 했다가 한밤중에 포로 호응하면 제각각 부대를 거느리고 돌아오기로 약속했는데 적병이 무너진 것이 3000명을 웃돌았다."

그러나 그 공적을 의논하는 데에서는 다른 사람을 추천하고 자기는 사양하여 상을 받으려고 하지 않았다고 합니다. 병자호란을 당했을 때 나가 싸우려고 했으나 이미 항복했다는 소식을 듣고는 울분이 쌓여 세상을 떠나고 말았습니다. 『함주지』 기록을 보면 인조 임금의 굴욕에 대한 박진영 관련 내용이 나옵니다.

"병자년(1636년)의 난리에 이르러 집안사람들을 물리치고 난리가 난 곳으로 힘껏 달려갔으나 성에서 내려와 (임금이 복종을) 맹세했다는 소식을 조령에 미치지 못했을 때 들었다. 드디어 통곡하며 돌아와 울분이 병이 되어 세상을 마쳤다. 세상 사람들이 '영남에서 의로움을 붙잡고 죽은 것은 문인은 문간공 정온뿐이고 무인은 오직 박진영이다'라고 했다."

방흥

『함주지』에 그에 관한 기록이 간략하게 나옵니다. 이는 기록이 그렇다는 것이지 활동이 사소했다는 얘기는 아닐 것입니다.

"용맹과 기력이 세상에 이름났다. 임진년(1592년)에 군공을 많이 세웠다."

안민

안희의 형으로 산인면 모곡에서 태어났습니다. 1592년 4월 부산을 점령한 왜적들이 창원으로 가는 길을 막기 위해 김해성에서 진퇴를 거듭하며 100여 차례 싸웠으나 결국 김해를 내주게 되었습니다. 불행하게도 전란 초기에 김해 입석강에서 전사했습니다.

안신갑

안민의 아들로 임진왜란을 맞아 1592년에 고성, 진주 등지에서 여러 차례 전공을 세웠습니다. 1593년에도 고성 출신 의병장 최강과 함께 김덕령 장군 휘하에서 별장이 되어 의령과 함안, 고성, 창원 등지에서 왜적을 물리쳤습니다.

아버지 안민이 왜적과 싸우다 전사하자 복수를 위해 부친상 중인데도 전투에 나섰으며 적장을 죽이고 그 머리를 부수어 뇌를 마셨다는 얘기가 『함주지』에 실려 있습니다. 당시 조선 유교 사회에서는

안민·안신갑·안희를 모시는 두릉서당(여항면 두곡길 145)

효를 으뜸 가치로 쳐서 부모상을 당하면 모든 것을 중지하는 것이 일반적이었습니다.

1597년 왜적이 다시 침범하자 "황석산성은 영남과 호남의 요충이니 그 험난함에 기대어 지킴으로써 변란에 대비해야 한다" 하고는 나아갔습니다. 산청에서 왜적을 만나 싸우다 환아정까지 밀리니 병사도 다하고 화살도 떨어졌습니다. 이에 장군은 "내가 복수를 하지 못하고 이 지경에 이르렀으니 하늘의 운명인데 어찌겠는가!" 하고는 갑옷을 입은 채 칼에 엎드려 환아정 앞 연못에 몸을 던졌습니다.

이를 두고 선조 임금이 표창하면서 "죽음을 무릅쓰고 적에게 달려가 나는 매와 같이 용맹하게 아버지의 복수를 하고 나라를 수치에서 구했으니 충신은 반드시 효자의 가문에 있다는 것이 바로 이것이

안신갑 정려각(산인면 입곡리 558-2)

다"라고 했다는 내용이 『함주지』에 적혀 있습니다.

1832년 여항면 두릉에 들어선 두릉서당에 안민·안희 형제와 함께 모셔져 있습니다.

안황

뛰어난 무예로 일찍부터 이름이 높았으며 임진왜란에 의병을 일으키고 왜적을 물리친 공적이 있어 선무원종공신에 올랐습니다.

1592년 4월 왜적이 진해 웅천읍성을 함락시키고 김해성으로 향하는 왜적을 뒤쫓아 싸웠습니다. 이후 함안에서 장정을 이끌고 온 안신갑·이숙 등과 힘을 합해 김해성 아래서 전투를 벌였으나 왜적이 김해성을 점령하자 함안으로 후퇴했습니다. 칠원과 맞은편 영산에 걸쳐서 낙동강을 오르내리며 왜적을 몰아내고 보급로를 차단하기도 했습니다.

1593년 6월 제2차 진주성전투에서 조선 군사가 왜적에게 패하고 김천일 장군이 아들 상건과 함께 남강에 몸을 던지자 이를 구하지 못한 것을 평생의 한으로 여겼습니다. 1594년 왜적이 물러가자 재침에 대비해 무너진 성벽을 수리하고 병장기를 정비했습니다.

1597년 정유재란으로 왜적이 다시 쳐들어오자 덕유산 아래에서 부대를 구성해 산청 경호강 강가 환아정 아래에 주둔을 하고 있었습니다. 강을 건너는 왜적을 막다가 그 숫자가 너무 많아지자 날랜 군사를 매복시키고 좌우에서 배를 내어 돌진했다가 멈추기를 반복했습니다. 그러자 왜적들은 무슨 계책이 있는 줄 알고 놀라서 건너지 못했습니다. 나중에 밤이 깊어지자 뗏목을 타고 건너가 공격해 많은 적을 무찔렀습니다.

1598년 함안으로 돌아와 부모의 묘소 아래 여막에 살면서 한 번도 전공을 자랑하지 않았습니다. 조정에서 포상하면서 종5품 벼슬을 내렸는데 모두들 공적에 비해 너무 작다고 했으나 본인은 개의치 않았습니다. 1605년에 선무원종공신으로 이름이 올랐습니다.

안희

안민의 동생으로 임진왜란이 터지자 의병을 일으켜서 여러 차례
싸웠습니다. 격문을 써서 흩어진 사람을 모으니 1000여 명에 이르렀
습니다. 김해성에서 창원으로 가는 길을 막고 백여 번을 싸워서 진퇴
를 거듭했으나 결국 물러나고 말았습니다.

1593년 봄에는 세 아들과 함께 병력 400여 명을 거느리고 진주
성으로 들어갔습니다. 1592년 10월 진주성 제1차 전투에서 대패했던
왜적은 1593년에 들어서면서부터 제2차 전투를 준비하고 있었는데
이런 상황에 일찍부터 대비하고 있었던 것입니다.

7월 21일부터 29일까지 9일 동안 벌어진 진주성 제2차 전투의 수
십 차례 공방에 세 아들이 전사했으며 29일 오후 내리는 비에 동문이

안희의 무덤(여항면 내곡리 산101-1)

무너지자 밀려드는 왜적을 피해 산청으로 물러나 지켰습니다. 이후 아군이 반격에 나서자 조카 안신갑 등을 김덕령 장군 휘하에 별장으로 보내 의령과 함안, 고성, 창원 등지의 왜적을 물리치게 했습니다.

오운

1540년 태어났는데 1592년 임진왜란이 일어나자 곽재우 장군의 휘하에서 병사를 모으는 수병장으로 활약한 것이 『용사응모록』에 기록으로 남아있습니다. 이때 오운은 자기 집안의 곡식과 마필을 내고 하인까지 동원하면서 의병 활동에 가담했습니다.

조정에서 의병을 모으는 임무를 맡기고 경상도 초유사로 파견한 김성일을 맞이해서는 소모관으로 활동했습니다. 전란으로 흩어진 민심을 모으고 지역마다 돌아다니며 왜적과 맞설 수 있는 군사 조직을 꾸리는 것이 임무였습니다.

1597년 정유재란이 일어나자 합천군수로 있으면서 여러 차례 왜적을 물리쳐 당시 도원수 권율이 이를 칭찬하기도 했습니다. 이와 함께 조명연합군의 명나라 진린 장군의 접반사로도 활약했습니다. 선무원종일등공신에 올랐으며 1617년 세상을 떠났을 때는 임금이 친히 제문을 지어 보내기도 했습니다.

유숭인

1591년 함안군수로 부임한 유숭인은 임진왜란이 일어났을 당시 현직 수령으로서는 보기 드물게 왜적을 맞아 열심히 싸운 경우에 해당합니다. 다만 함안군수는 경상도 순찰사의 명령을 따라야 했기에 그에 따라 다른 지역에서 활동한 적도 많았습니다.

『선조실록』1592년 6월 28일자에 "함안군수 유숭인은 장기간 전쟁터에 나가 있어 백성들이 흩어져 성이 비었는데도 왜적이 아직 쳐들어오지 않았는데, 순찰사가 비로소 군수에게 돌아가 고을을 지키도록 했습니다. 14일에 왜적이 쳐들어와 분탕질하자 군수가 100여 명을 모아 연일 공격하니 왜적들이 어지간히 물러가 흩어졌습니다"라는 초유사 김성일의 보고가 나옵니다.

또 『선조실록』1592년 7월 25일자에는 조정의 최고의결기구인 비변사에서 "함안군수 유숭인은 활로 쏘아 맞히거나 칼로 베어 죽인 왜적의 수가 전후로 47급이나 되니, 그 공을 칭찬할 만합니다"라고 임금에게 아뢰는 장면도 나옵니다.

5월 25일 함안이 평정을 되찾자 의병장 이정이 유숭인 군수의 지휘 아래 대현을 넘어오는 적을 막고 칠원에서도 왜적을 물리쳤으며 나중에 패주하는 왜적을 진해(지금의 진동)까지 추격해 참살했습니다.

6월 5일 당항포 앞바다에 도착한 이순신 장군이 진해 성밖 들판에 진을 치고 있는 수천 군사를 보고 누구의 군사인지 물어보니 함안

군수 유숭인이 기병 1100명으로 적을 쫓아왔다고 답했다는 기록이 『고성군지』에 나옵니다. 6월 6일 당항포 1차 해전에서 이순신 장군에게 패한 왜적이 육지에 내려 도망가자 이를 척살했습니다.

또 숙종 때 편찬된 『조야첨재』에는 "진주판관 김시민은 전 병사 조대곤, 사천현감 정득열, 함안군수 유숭인, 칠원현감 이방좌 등과 힘을 합해 사천, 고성, 진해의 왜적을 격파하고 근방의 여러 읍을 수복한 공으로 진주목사로 승급했다"는 기록이 나옵니다.

이는 그해 7월에 김시민이 군사 1000명을 동원해 사천성을 수복한 다음 고성 쪽으로 퇴각하는 일본군을 추격하여 고성과 진해를 탈환하고 이후 유숭인 함안군수와 이방좌 칠원현감이 더 나아가 창원까지 되찾은 것을 두고 하는 말입니다.

이에 따라 유숭인 함안군수는 비변사에서 대신들이 임금에게 아뢴 대로 얼마 지나지 않아 경상우병사로 승진했습니다. 신임 유숭인 경상우병사는 진주목사 김시민 장군과 더불어 충청도까지 올라가 직산현감 박의와 함께 금강을 따라 침입하는 왜적을 격퇴하기도 했습니다.

한편 왜적은 조선 수군에게 연패를 당하자 해로 대신 육로로 해서 전라도에 들어가는 것으로 방침을 세웠습니다. 이에 8월부터 김해를 거점으로 병력을 끌어모은 다음 2만이 넘는 군사가 9월 24일 진주성 공격을 위해 서진하기 시작했습니다.

유숭인 경상우병사는 병사 2000명을 거느리고 창원읍성을 지키고 있었는데 영현고개에 군사를 배치하고 깃발을 많이 늘어놓으니 오후부터 도착한 왜적이 군사가 많은 줄 알고 더 이상 진격하지 못했습니다.

다음날 적들이 밀려들자 마산포로 후퇴를 하게 되고, 9월 26일 함안은 다시 적의 수중에 들어갔습니다. 우병사는 27일부터 교전을 벌이며 반성, 문산을 거쳐 김시민 장군의 수성전에 합세하기 위해 진주성 쪽으로 후퇴했습니다.

진주성에 도착해 성안에 들어갈 것을 청하자 김시민은 성문 열기를 거부하고 밖에서 도와달라고 해 성밖에 진을 치게 됩니다. 이때 사천현감 정득열과 가배량권관 주대청이 400여 명의 병력을 거느리고 와서 합세했습니다.

10월 4일 선발대가, 그리고 5일에 본대가 도착해 왜적들은 겹겹으로 진주성을 포위했습니다. 유숭인의 군사들은 모두 결사항전을 다짐하고 싸우기 시작하니 기세가 등등하던 왜적도 수백 명이 죽어나가고 마침내 도망치기 시작했습니다. 싸움은 저물 때까지 계속되었는데 추격하던 군사가 갈라지자 적이 다시 몰려오면서 포위했습니다. 물러날 길이 없는 상황에서 수많은 왜적을 맞아 목숨을 내놓고 싸웠지만 안타깝게도 깊은 밤에 모두 순절하고 말았습니다.

유숭인 함안군수가 세운 전공은 첫째 함안에 들어온 왜적을 연일 싸워서 몰아내고 창원까지 수복한 것이고 둘째는 비록 전사했지만 제1차 진주성전투 첫날 전투에서 치열하게 싸움으로써 승리의 발판을 마련했던 일입니다.

전란이 끝난 뒤 유숭인 경상우병사에게 조정은 병조판서를 추증

했으며 진주 사람들은 성밖에 유숭인·정득열·주대청을 기리는 순절비를 세웠습니다. 이 순절비는 일제강점기에 왜적이 동강 내어 땅에 묻었던 것을 근래 발견해 새로 성내에 세웠다고 합니다.

윤탁연

1538년 청주에서 태어난 윤탁연은 1592년 왜적이 침입해 임금 선조가 평안도로 피란 가고 왕자들이 지역을 나누어 떠날 때 임해군과 순화군을 모시고 함경도로 들어가 군사를 모았습니다.

그러나 함경도에 침입해 있던 왜적에게 임해군과 순화군이 회령에서 사로잡히는 일이 발생하자 조정은 근왕병을 모아 적을 격퇴할 계획을 세웠고 윤탁연은 선조의 특명으로 함경도 도순찰사가 되어 의병을 모집했습니다. 윤탁연은 이처럼 왜적 방어와 왕자 구출 등 국면 타개를 위해 애쓰던 와중에 피로가 쌓여 병이 되어 1594년 5월 28일 군대 막사에서 77세로 세상을 떠났습니다.

이간·이희 형제

함안 모곡촌에서 살았던 이희는 임진왜란이 일어나자 친동생 이간, 사촌동생 이칭 등과 의논해 의병을 일으키기로 했습니다. 형제끼리 역할을 나누어 동생 이간은 의병 활동에 나서고 본인은 집안을 지키고 돌보기로 했습니다.

하지만 이희도 잔혹하게 구는 왜적을 만나는 바람에 칼을 잡고 그와 싸우다 목숨을 잃었습니다. 난리가 끝난 뒤 나라에서 효자 정려를 내렸는데 당시에는 검암에 있었지만 1894년에 고성군 마암면으로 옮겼습니다.

동생 이간은 1592년 임진왜란을 맞아 집안 형제들과 함께 의병을 일으키고 함안과 의령 사이에 진을 치고 곽재우 장군과 더불어 남강 주변의 여러 고을을 지켰습니다. 또 경상도 순찰사 김수가 곽재우를 무고하는 일이 있었는데 이때 임금에게 실상을 알리는 상소문을 이간이 갖고 갔습니다.

선조 임금은 이미 서울을 떠나 피란길에 오른 상태였습니다. 이에 이간은 낮에는 잠복하고 밤에는 걸어가는 등 갖은 고생을 다한 끝에 의주에 도착해 무사히 상소를 전달할 수 있었습니다.

이순신 장군의 진에 들어가 많은 공로가 있었고 다시 김면 의병장 막하에서도 많은 공을 세웠으며 적을 사로잡은 공로로 1596년에는 관찰사 이시발이 아뢰어 부장이 되었습니다. 전란이 끝난 뒤 선무원종일등공신에 이름이 올랐습니다.

이령

　1541년 검암에서 태어난 이령은 임진왜란 때 전국 최초로 의병을 일으켰던 인물입니다. 1592년 4월 14일 왜적이 부산에 상륙했다는 소식을 듣자 벼슬이 없었는데도 곧바로 100여 명의 의병을 모집해 김해성을 달려갔는데 이것이 최초의 의병이었습니다. 서예원 김해부사가 용맹함을 알고 동문을 지키는 수문장을 맡겼는데 무수한 적을 참살하고 격퇴시켰습니다.

　동래성이 함락되고 적의 대군이 밀려오자 김해부사는 도망을 가고 지원군이 끊어졌습니다. 그러나 이령은 피 묻은 적삼을 둘째아들

충순당 정려각(가야읍 검암리 255). 충순당은 이령의 호이다.

명화에게 주며 이것으로 장사지내라 하고는 끝까지 싸우다가 4월 20일 전사했습니다.

성이 함락되던 날 자제들을 돌아보며 말하기를 "너희들은 돌아가서 처자를 보호해라. 나는 나라를 위하여 성을 지키겠다. 의리상 갈 수 없다"며 사절했다는 내용이 『함주지』에 나옵니다. 피 묻은 적삼으로 무덤을 만드니 함안면 동지산에 그의 묘소가 있습니다.

이만성

1571년 가야읍 광정리에서 태어난 이만성은 완력이 매우 뛰어났다고 알려져 있습니다. 1592년 임진왜란에 어머니를 모시고 피신했다가 제포가 함락되고 김해가 포위됐다는 소식을 듣고 김해로 달려갔는데 이미 함락되는 지경이었습니다. 이때 단창으로 적을 쳐서 죽인 것이 매우 많았습니다.

김해 서쪽의 덕교에서 김해성을 탈출해 적들에게 쫓기는 이숙과 박진영을 만나 되돌아와 의병을 모으고 함안의 동쪽인 객산을 지켰습니다. 초계군수 안신갑, 선전관 안황과 더불어 산청의 환아정에서 강을 사이에 두고 대치하는 가운데 화살을 날려 적의 추격을 막기도 했습니다.

곽재우는 이만성을 악비나 관우에 비유하며 충성과 용맹을 칭찬했습니다. 곽재우의 추천으로 섬진강 하류 바다를 지키는 나루터 두

치진의 별장이 되었습니다. 1595년에는 대구 팔공산에서 왜적을 막았고, 1597년 정유재란 때는 함안에서 평암으로 몰려드는 왜적을 향해 큰 절구공이를 휘두르며 크게 소리쳐서 내쫓았습니다.

전란이 끝난 뒤에는 산골에 광계정사를 짓고 숨어 지냈는데 한 번도 전공을 말한 적이 없었다고 합니다. 『함주지』에는 그의 이력이 간단하게 나옵니다. "완력이 남보다 뛰어났다. 임진년(1592년)에 앞장 서서 공격했는데 때로는 다듬잇돌을 들어서 치기도 했다. 공을 세워 서 판관이 됐으며 중추부에 증직됐다."

이명호와 동생들

1565년 가야읍 검암리에서 태어난 이칭은 임진왜란이 일어나자 동생 이길, 큰아들 이명호를 비롯해 조카까지 데리고 곽재우 장군과 함께 의병 활동에 나섰습니다. 아버지 이칭이 의병을 모집하자 이명호 는 박제인, 조종도, 박진영에게 연락해 함께 오천여 명을 모았습니다.

1566년 태어난 첫째 동생 이명신은 임진왜란이 일어나자 곽재 우 장군과 함께 싸웠고, 퇴각하는 왜적을 소탕하는 공을 세웠습니다. 정유재란 때도 웅천(지금의 진해)에서 왜적을 소탕해 선무원종공신이 되었습니다.

1569년에 태어난 둘째 아우 이명경은 임진왜란이 일어나자 의 병을 모집해 곽재우 장군의 막하에서 공을 세웠습니다. 함안면 대산

리에 이명경을 모시는 국암서당이 있습니다.

셋째 아우 이명광은 일찍 죽고 1573년 태어난 넷째 아우 이명여는 정유재란 때 곽재우 장군과 함께 화왕산성을 지킨 기록이 남아 있습니다. 산인면 입곡리 경죽재에서 그를 기리고 있습니다.

1570년에 태어난 숙부 이길의 큰아들 이명서도 마찬가지로 곽재우 장군과 함께 싸웠습니다. 1571년에 태어난 또다른 숙부 이령의 큰아들 이명념은 곽재우 장군 휘하에 있었습니다. 이령의 둘째아들 이명화는 아버지와 함께 1592년 4월 20일 김해성을 지켰고 곽재우 장군과도 함께 활동했습니다.

1607년 3월 28일 용화산 아래 낙동강 일대에서 아주 특별한 뱃

놀이가 벌어진 적이 있습니다. 모두 35명이 참여했는데 '용화산하동
범록'에 그 이름이 적혀 있습니다. 이를 보면 한강 정구와 곽재우 장
군, 여헌 장현광, 함안군수 박충후가 주축인 이 행사에 이명호·이명
경·이명여·이명서와 아우인 이명각·이명념 등이 수행한 것으로 나
옵니다. 곽재우 장군 등과 각별한 사이였던 것이지요.

이숙

　1550년 산인면에서 출생한 이숙은 이정의 동생으로 1591년 뛰
어난 무용 덕분에 제포만호가 되어 성을 수리하고 병장기를 정비했
습니다. 1592년 왜적이 침입하여 동래성이 무너지자 급히 김해성으

갈촌 선생 조묘(가야읍 혈곡리38-1). 갈촌은 이숙의 호이고 조묘는 사당이라고 보면 된다.

로 갔으나 상황이 위급해져 김해부사 서예원은 이미 성을 버리고 도망가고 없었습니다.

이에 천성만호 신초 등과 함께 여기서 죽지 말고 일단 살아서 나가 군사를 모집해 다시 싸우기로 맹세한 후 포위를 뚫고 칠북면 봉촌리 멸포에서 낙동강을 건너 영산으로 갔습니다. 여기 있으면서 왜적을 30여 급을 베어서 경상도 초유사 김학봉이 영산의 임시 수령으로 삼았다가 조정에 아뢰어 정식 현감으로 삼았습니다.

1597년 왜적이 다시 침입해 정유재란이 일어났을 때는 합천군수로서 정기룡 장군과 함께 미숭산까지 가서 적을 무찔렀습니다. 또 왜적 40여 급을 베고 그들에게 잡혀있던 남녀 50여 명을 구해서 돌아오기까지 했습니다.

이정

1541년 산인면에서 출생한 이정은 1592년 4월 14일 왜적이 부산에 상륙하자 5월 의병을 일으켜 항전했으며 초유사 김성일의 소모관으로 활약했습니다. 『난중잡록』을 보면 이때 그는 "군사 1000여 명을 모아 유숭인 함안군수에게 소속시키고 진해·창원에서 왜적과 대항했는데 매번 싸움에 이기면 선뜻 공을 군수에게 돌리고 자신은 참여하지 않았다"고 합니다.

1597년 정유재란 때에는 합천군 대병면에 있는 악견산성 산성장을 겸임하면서 성곽을 고쳐 쌓는 일을 하기도 했습니다. 또 의령현감으로서 경상우도병마절도사 김응서와 함께 의령에 쳐들어온 왜적들도 무찔렀습니다.

그가 지은 『모촌문집』에는 의병 관련 이야기가 많이 있습니다. '군약'은 군사지침으로 금지사항을 규정한 것입니다. "꿈을 빙자해 군중을 이간하는 요민, 참서를 믿고 종

이정 무덤의 묘비(법수면 황사리 산10-1)

사관을 비방하는 역민, 유언비어를 만들어 군중이 흩어지게 하는 와민, 질서를 지키지 않고 까닭 없이 다투는 난민, 민간의 재물을 빼앗아 자기 것으로 만드는 적민, 힘을 믿고 상관을 모욕하는 완민, 상관의 명령을 따르지 않고 제멋대로 구는 패민, 남의 비위나 들추어 고자질 잘하는 간민, 전우들과 화목하지 못하고 다투기만 하는 악민은 모두 참형으로 다스린다."

또 전쟁에서 싸우다 죽은 군사들의 시신이 길거리에 널브러져 있거나 수북하게 쌓여 있는 것을 보고 삼태기와 삽으로 제대로 갖추어 거두고 땅을 파고 묻어주도록 하여 백성들이 모두 칭송했다는 이야기도 함께 전해집니다.

이집·이분형

이집은 『함주지』에 나옵니다. "정유재란 때 군수 안옥과 죽현에서 적군을 토벌하는 전투를 벌이다 순절했다." 『함안읍지』에도 기록이 남아 있습니다. "조카 분형과 의병을 일으켜 왜적을 쳐서 특이한 공을 많이 세우고 마침내 사절했다. 격분해 자기 몸도 돌아보지 않

이집을 기리는 훈련부정여주이공순절비(함안면 대산리 산12-1)

고 전공을 세웠으나 형세가 외롭고 후원이 끊어지자 절의를 지켜 죽었다.”

이집이 중과부적으로 맞서 싸우다 최후를 마친 대밭고개에는 훈련부정여주이공순절비 등 그와 관련 비석들이 있습니다. 이집은 나중에 선무원종공신에도 올랐습니다.

조카 이분형은 『함주지』에 “무과로 현감을 지냈고 임진왜란 때 공훈이 있었다”고 짤막하게 소개되어 있습니다.

이칭

1535년에 검암에서 태어난 황곡 이칭은 충순당 이령의 맏형으로 김해성이 왜적에게 침략을 당하자 동생 이령에게 의병을 모아 주며 김해에 가서 싸우게 했습니다. 그리고 자신은 동생 이길, 아들 이명호·이명신·이명경·이명여 등과 의령으로 가서 곽재우 장군과 함께했습니다.

그러다 이정과 군북면 안도리에 돌아와 황암 박제인과 만나 처음에는 80여 명으로 의병을 일으켰습니다. 이후 대소헌 조종도에게 알리고 함께 모으니 며칠 만에 5000여 명이 모였습니다. 함안군수 유숭인이 왜적과 싸우려 하는데 군사가 없다며 청하자 “나랏일인데 어찌 내 것, 네 것을 따지리요” 하며 곧바로 병사를 내주었다고 합니다.

이칭의 무덤(법수면 윤외리 795-3)

이휴복

1568년 군북면 명관리에서 출생한 이휴복은 임진왜란 때 의병 활동을 벌였으며 인조 시절에는 이괄의 난을 평정하기도 했습니다. 1592년 6월 임진왜란에 양친과 형님 내외가 왜적에게 살해되었습니다. 이때 이휴복은 시신을 안고 기절한 척 위장해 목숨을 보존하였습니다. 어버이의 시신을 모시고 선영에 장사를 지낸 후 복수를 맹세합니다.

1595년 27세 때 상복을 벗자 원수인 왜적과 한 하늘 밑에서 살 수 없다며 의병을 일으켜 진주와 의령, 함안 등지에서 출몰하는 왜적을 상대로 유격전을 벌여 섬멸했습니다. 1597년 정유재란이 일어났을 때는 의병을 이끌고 곽재우 장군이 있는 창녕의 화왕산성으로 달려가 힘을 합쳤습니다.

1624년 2월 11일 이괄은 선조의 아들인 흥안군 이제를 임금으로 추대하며 반란을 일으켰습니다. 이튿날 이괄은 군대를 두 길로 나누어 관군을 포위 공격했으나 이휴복이 선두에 서서 포수 2000명을 거느리고 적의 선봉을 격퇴하며 죽음을 불사하고 맞서 싸워 적세를 크게 꺾었습니다. 이에 반란군은 전세가 기울자 부하 장수 이수백·기익헌이 이괄을 살해하여 그 수급을 들고 항복함으로써 반란은 평정되었습니다.

『함주지』는 이휴복의 행적에 대해 "임진년의 난리로 왜적의 칼날에 어버이가 목숨을 잃자 복수할 뜻을 맹세하고 곽재우와 더불어 의병을 일으키고 왜적을 토벌했다."고 적었습니다.

이휴복을 모시는 사당 도천사(군북면 명관3길 53)

정구룡

　군북면 사촌리 사랑목에서 태어난 정구룡은 완력이 뛰어나고 말타기와 활쏘기를 잘해 하늘이 낸 장수라는 말을 들을 정도였습니다. 1592년에 진주성을 지켰는데 주장이 그 용맹과 기력을 가상하게 여겨서 매우 두텁게 대접했다고 합니다.

　'주부정공순절사적'에는 이렇게 적어놓았습니다. "왜적이 장군이 사는 마을 앞에 이르자 장군이 팔을 걷어붙이고 앞장서서 활을 쏘니 왜적이 용맹함에 두려워 퇴각하고 감히 가까이 이르지 못했다."

　"정암진 강물이 가득 넘쳐흘러 건너기 어려운데 장군이 처자를 끼고 맨몸으로 건너자 적들이 얕은 줄 알고 따라 들어가서 죽은 자가 있었고 이후 처자식을 깊은 산에 숨겨두고는 정기룡 장군을 찾아갔다."

　이는 장군의 뛰어난 무용을 두고 후대에 생겨난 이야기로 짐작됩니다. 군북면 동촌리 앞들에 '조선장군바우'와 '왜장군바우'가 있고, 군북면 유현리의 유전늪 동쪽 야산을 두고 '왜난리' 또는 '외난리'로 부르는 것도 마찬가지라고 할 수 있는데 이것 역시 장군의 전공이 설화가 된 것으로 보입니다.

　정기룡 장군은 제1차 진주성전투 이후 경북 상주에서 왜적을 물리쳤으며, 11월 23일 상주성을 탈환하고 뒤이어 함창현과 대승산의 왜적까지 무찔렀습니다. 정구룡 장군은 제1차 진주성전투 이후 줄곧 정기룡 장군을 따라 왜적과 싸웠습니다.

정구룡 장군을 모시는 경충재(군북면 유현1길 137)

1597년 정유재란이 일어나자 정기룡 장군의 휘하로 함양 사근역에서 왜적을 물리쳤으며 진주와 사천 등지에서도 싸웠습니다. 성주·합천·초계·의령 등을 탈환하고 경주·울산을 수복하는 데도 큰 공을 세웠으며, 1598년에는 거창과 가조에서 왜적을 베었습니다.

그러다가 왜적을 물리치고 돌아오던 중 매복한 적의 조총에 맞아 숨을 거두니 1598년 9월 28일이었습니다. 정구룡 장군은 1605년 선무원종일등공신에 이름이 올랐습니다.

제말

함안 칠원 출신 가운데 임진왜란 때 의병장으로 가장 이름 높았던 인물이 제말입니다. 지금은 창원시 소속으로 바뀌었는데 1908년 까지는 칠원 땅이었던 구산면 바닷가가 그의 고향입니다. 매우 용맹해서 공격할 때마다 앞을 막는 적이 없을 정도였기에 망우당 곽재우와 맞먹을 만큼 유명했습니다. 고성·창원·김해·의령을 오가며 활약했는데 그때마다 왜적들은 "날아다니는 장군이 왔다"며 다투어 달아났다고 합니다.

제말 장군 하면 경북 고령의 무계나루 전투가 첫손에 꼽힙니다. 군세가 대단한 왜적 부대 앞으로 장군이 혼자 불쑥 나서면서 "싸우려면 나서고 아니면 물러가라!"고 합니다. 이에 상대 진영에서 날래고 굳센 왜적 한 명이 나왔습니다만 곧바로 장군의 창에 찔려 죽었습니다.

왜적들은 깜짝 놀라 흩어진 반면 장군과 아군은 기세가 올랐습니다. 하지만 왜적들은 1만을 웃도는 숫자를 믿고 쉽사리 물러나지 않았습니다. 무계나루로 왜적들을 유인해 들여 때마침 도착한 거창 의병부대와 힘을 합쳐 섬멸했습니다.

장군은 외모가 특별했습니다. 키가 8척(2m40cm)이고 팔이 무척 길어서 손이 무릎 아래에 닿을 정도였습니다. 수염은 『삼국지』에 나오는 장비와 흡사해서 용기백배하여 왜적과 싸울 때면 수염과 귀밑머리가 곤두서서 고슴도치 털처럼 삐죽삐죽했다고 합니다. 왜적들

제말 장군의 무덤(창원시 마산합포구 진동면 다구리 산 66-5)

은 이를 보고 귀신같다며 두려워했는데 과연 하늘이 내린 장군이었습니다.

장군은 성주목사 직분으로 성주성을 지켰습니다. 바깥에서 구원병이 끊어진 상태에서도 마지막까지 싸웠지만 상대할 왜적이 너무 많아서 장군은 결국 전사하고 말았습니다. 장군의 시신은 며칠이 지났어도 얼굴은 살아 있는 것처럼 밝고 환했고 수염이 고슴도치처럼 불룩했으며 손은 창을 버리지 않은 채 굳게 쥐고 있었다고 합니다.

제말 장군의 공적은 오랫동안 잊혀져 있었습니다. 가난하고 보잘것없는 집안 출신이라 글을 알지 못했기 때문에 스스로 본인의 활약상을 기록으로 남기지 못했습니다. 다른 사람들이 남긴 기록들도 흩어져 없어졌습니다.

그러다가 150년 세월이 지난 1740년 즈음에 장군의 활약상이 알려지게 됩니다. 장군이 전사한 경북 성주의 동헌 앞마당에 장군의 영혼이 나타났던 것입니다. 달 밝은 밤에 검은 모자를 쓰고 붉은 도포를 입은 채로 대밭에서 나오더니 수염을 쓰다듬으며 이렇게 말했습니다.

"나는 제말이다. 임진왜란을 맞아 의병을 일으키고 왜적을 쳤다. 적들이 쳐들어와도 깨뜨리지 못한 적이 없었으나 당시 기록이 없어져 역사가 전하지 못했다. 내 무덤이 칠원에 있는데 자손이 없어서 이제껏 버려져 있다."

이린 신기한 일이 벌어지자 경성도 관찰사에게 바로 보고가 되었고 관찰사는 칠원현감에게 장군의 무덤을 고쳐 쌓고 사람을 두어 지키도록 시켰습니다. 그런데 그 공문이 칠원에 이르기 전에 제말 장군이 또 나타납니다.

"내 무덤은 이 동헌에서 얼마쯤 떨어진 아무 마을에 있소. 감사가 마땅히 무덤을 수리하라고 명령할 테니, 그대는 잘 새겨들으시라."

당시 칠원현감 어사적의 꿈에 등장했던 것입니다. 어사적은 1740년 9월부터 이듬해 6월까지 칠원현감을 지냈습니다. 관찰사가 보낸 공문은 그날 저녁에 현감에게 도달했는데 이 이야기는 연암 박지원이 쓴 『열하일기』에 들어 있습니다. 제말 장군의 현몽은 사실 여부를 가리기 어렵지만 이야기는 그렇게 전해지고 있습니다.

장군의 무덤은 창원시 진동면 다구리 바닷가에 있습니다. 앞에 비석이 있는데 1767년에 세웠다고 적혀 있습니다. 나라에서 내린 벼슬 '병조판서'와 시호 '충장'이 나란히 새겨져 있습니다.『정조실록』을 보면 임금이 장군의 무덤을 찾아보라면서 벼슬과 시호를 내린 해는 1792년입니다. 비록 시기는 비석과 실록이 서로 다르지만 벼슬과 시호를 내린 건 분명한 사실입니다.

조민도

1556년 태어난 조민도는 조신도의 친동생입니다. 임진왜란이 일어나자 처자를 장인에게 부탁하고 부인에게는 머리카락을 잘라 주면서 자신이 죽거든 이것으로 장사 지내라고 하면서 왜적과 맞서 싸우기 위해 나아갔습니다.

순변사 이일의 군사에 합세해 경북 상주에서 전투할 때 병졸은 지치고 원병은 끊어지자 모든 사람들이 살아남으려고 했지만 조민도만은 분연히 "위태로운 난리를 만나 달아나는 것은 신하의 도리가 아니다" 하고는 힘껏 싸우다 전사했습니다. 유해를 수습하지 못하고 머리카락으로 장사를 지냈습니다.

조민도의 무덤(군북면 하림리 산80)

조방

1557년 가야읍 검암리에서 태어난 조방은 1592년 4월 임진왜란
이 일어나자 여러 고을의 수령이 도망쳤다는 소리를 듣고 비분강개
해 의병을 일으켰으며 4월 22일 곽재우 장군과 함께 창의해 싸웠다
는 내용이 『칠원읍지』에 나옵니다.

"임진왜란을 맞아 칠원 무릉에 왜적들이 갑자기 쳐들어오니 '높
은 벼슬아치들이 더러워진 것이야 신경 쓸 필요 없지만 나라일을 두
고 볼 수는 없다'면서 집안 하인 100여 명을 이끌고 망우당 곽재우 장
군의 의병 진영에 합류했다. 정암진과 낙동강의 좁고 요긴한 길목에
경계하여 지키고 산이 험한 곳에서 왜적을 기습 공격했다. 정유재란

때는 친형과 조카들과 더불어 곽재우 장군을 도와 창녕 화왕산을 굳게 지켰다."

　곽재우 장군의 격문에 함께 창의한 이들의 성명과 거주지를 적은 용사응모록이 전하는데 이 가운데에는 조방도 있습니다. 정유재란 때는 다시 침입한 왜적을 형 조탄과 조카 조형도·조동도와 함께 경북 구미 금오산성에서 소탕하고 8월부터 곽재우 장군과 함께 화왕산성을 지켰습니다.

　조방은 공훈을 내세우는 것을 좋아하지 않았습니다. 사람들이 상소하여 포상을 받도록 한다는 말을 것을 듣고는 공적을 적은 글을

후손들이 1858년 낙동강 강가에서 용화산 청송사 자리로 옮겨 지은 반구정

가져오게 해서 불살랐다고 합니다. 그리고 아들들에게는 이렇게 말했습니다. "신하가 나라를 위함은 당연한 직분인데 어찌 자랑하랴! 내가 죽은 후에도 이런 일이 있으면 일체 금지시켜 지하에라도 수치를 끼치게 하지 말라."

1768~1769년 이일증 함안군수가 재임 당시 순찰사 이은을 통해 조방에게 표창을 청했는데 후손들이 마침 초상을 당하는 바람에 서류를 제출하지 못했다가 1772년 제출할 수 있게 되어 호조참판에 증직되었습니다. 조방은 비록 금했지만 선조를 섬기는 것은 후손들의 몫이니 이 또한 옳은 일이라 할 수 있을 것입니다.

전란이 끝난 뒤 조방은 낙동강 강가에 반구정을 짓고 지냈습니다. 또 일찍이 시를 지었는데 "어버이를 섬기는 깃은 마땅히 효성을 다해야 하고/ 나라를 위해서는 역시 충성을 다해야 마땅하네./ 슬프구나, 나는 모두 미치지 못했으니/ 다하지 못한 것이 강호에 한이네"라고 했습니다. 곽재우가 보고 "지난날 산성에서 자네의 충의를 확실하게 알았는데 지금 또 이 시를 보는구나"라며 칭찬했다고 합니다.

조붕

1534년 태어난 조붕은 과거에 급제하여 벼슬을 맡고 있던 중 임진왜란이 일어나 선조가 난리를 피해 서울을 떠나게 되자 그 가마를 호위하는 임무를 맡았습니다.

132

조붕·조응도 등을 모시는 삼충사(군북면 사도리 754).

　정유재란으로 왜적이 다시 쳐들어왔을 때는 울산에 가서 싸웠습니다. 그런데 도착했을 때는 왜적이 이미 울산을 함락하고 동부 영남을 유린하고 있었습니다. 의병을 모집하고 군비를 정돈하여 격렬히 싸웠으나 왜적을 꺾지 못하고 진용이 흐트러지고 말았습니다.

　퇴각하면서도 끝까지 맞서 싸웠으나 칼이 부러지고 화살까지 떨어져서 사로잡혔습니다. 하지만 조붕은 항복하는 대신 적의 칼날에 순절했는데 1598년 65세였습니다. 나중에 선무원종이등공신으로 이름을 올렸습니다.

조신도

1554년 태어난 조신도는 임진왜란 당시 온양군수로 있었는데 선조가 서울을 떠난다는 소식을 듣고 임금의 피란길을 모셨습니다. 이때 임금의 행렬이 왜적에게 따라 잡힐 처지가 되자 300여 병사를 이끌고 적병을 죽이고 깃발을 자름으로써 선조가 안전하게 의주에 갈 수 있도록 했습니다.

『선조실록』에는 1593년 1월 15일자에 영의정이 왕세자를 모시고 영변에 있으면서 군기판관 조신도와 조방장 박명현에게 날랜 군사 300명을 맡겨 명나라 군사와 합동작전을 펼치도록 했다는 보고가 나옵니다.

1595년 갑자기 한강에서 왜적과 만나는 바람에 적을 많이 죽이기는 했지만 결국은 힘도 다하고 화살도 떨어졌습니다. 이에 조신도

조신도 정려비각(왼쪽, 군북면 하림리 13-2). 오른쪽은 조민도의 정려비각이다.

는 "여기가 내가 죽을 자리다"라며 온몸이 상처투성이에다 다섯 손가락까지 잘려나갔으나 숨이 끊어질 때까지 그치지 않고 적을 꾸짖었다고 합니다.

조응도

조응도는 1565년에 태어나 임진왜란이 일어났을 때는 고성현령으로 있었습니다. 이때 그는 관군과 고을의 여러 의병장을 거느리며 왜적을 격파했습니다. 배둔 구만동에서 최균이 의병을 일으키자 군사를 보내 함께 왜군을 섬멸토록 했습니다. 1592년 6월 이순신 장군의 제1차 당항포해전에서는 함안군수 유숭인과 연합해 진해 쪽으로 침입한 왜적을 무찔렀습니다.

1592년 10월 진주성 제1차전투에서는 500여 군사를 거느리고 한밤중에 진주성 남쪽에서 횃불을 밝히고 함성을 지르는 등 위세를 떨쳐 상대 기세를 꺾었습니다. 또 적이 퇴각하자 진격해 많은 전과를 올렸고, 이후 사천성의 탈환에도 참전했습니다.

1594년 3월 4일 벌어진 제2차 당항포해전에도 척후장으로 참전해 왜적의 큰 배 1척을 격파했습니다. 이순신 장군의 난중일기를 보면 조응도와 전세를 의논하고 대책을 강구한 사실이 여러 차례 나옵니다.

1593년 5월부터 1596년 8월까지 고성현령으로서 이순신 장군과 전략회의를 하거나 굶주려 인육을 서로 먹는 민생 문제, 수령들의 무예 기량 겨루기, 새 배 건조 진행 상황, 적선 동향 등에 대해 의논했던 것입니다. 이에 더해 통제영에서 치러진 무과에 시험에 감독관으로 참여한 것까지 12군데에 이른다고 합니다.

죽음과 관련해서는 기록이 엇갈리는데 믿을 만한 것은 『선조실록』 1597년 3월 24일자 내용입니다. 도원수 권율이 "고성현령 조응도가 1597년 3월 9일에 거제 기문포로 침입한 왜군을 앞장서서 섬멸하던 중 왜군 칼에 맞아 사절하였다"고 보고를 했던 것입니다. 선무원종이등공신에 올랐으며 일문삼충으로 함께 꼽히는 조붕·조익도와 더불어 군북면 사도리 삼충사에서 모시고 있습니다.

조종도

1537년에 원북리에서 태어난 조종도는 단성현감으로 지내던 중 1592년 임진왜란을 맞아 여러 지역에 창의 격문을 보내고 순회하면서 의병을 일으켰습니다. 1597년 정유재란 때에는 함양군수로 지내다 병으로 그만둔 상태였지만 안음현감 곽준과 황석산성을 고수했습니다.

그는 성에 들어가 남문을 지키면서 왜적에 맞서 싸우다 곽준과 함께 전사하게 됩니다. 이미 군수직에서 물러나 있었기에 굳이 싸울 필요 없이 떠날 수도 있었습니다. 하지만 신임 군수가 부임하기 전이

조종도 부부의 쌍절각(군북면 원북리 349-9)

었고 백성들이 많이 따랐기에 자기 몸을 돌보는 것을 잊고 순국했던 것입니다.

일찍이 지은 시가 있는데 이르기를 "공동산 밖에서 사는 것이 비록 즐거워도 순원처럼 성안에서 죽는 것 역시 영광이네"라고 했습니다. 여기서 순원은 중국 당나라 때 안녹산의 반란에 맞서 싸우다 숨진 두 장군을 뜻합니다. 마치 자신의 운명을 예견이라도 한 것 같아 보입니다.

당시 부인 이씨도 아들 영한·영혼과 함께 있었는데 함락 직전에 두 아들을 내보내면서 "너희는 나가 명을 보전해라. 그래야 조씨의 후사가 끊이지 않을 것이다. 나는 의리상 떠날 수 없다" 하고 남편 조종도와 같은 날 운명을 다했습니다. 이후 영한이 성 아래에 임시로 땅을 파고 부모를 모시다가 붙잡혀 왜국에 끌려갔다 일 년 만에 돌아와 장례를 치렀습니다.

선조 임금 때 정려가 내려지고 이조판서에 증직되었으며 숙종 때에는 충의공 시호가 주어지면서 덕암서원에서 모셨습니다. 덕암서원은 이후 철폐되었고 그 옛터에 1962년 세운 유허비가 있습니다. 군북면 원북동 입구에 있는 쌍절각은 이들 부부의 충절을 기리고 있습니다.

조탄

1552년 검암리에서 태어난 조탄은 곽재우 장군이 함께하자고 할 만큼 뛰어난 의병장이었습니다. 1592년 임진왜란이 일어나자 가족을 경북 청송으로 이사시킨 다음 사위 최수강의 집에서 군량미를 마련하고 수백 명의 의병을 모아 싸웠습니다.

4월 22일 곽재우 장군이 의병을 일으키자 함께 협력했으며, 5월에 단성현감 조종도의 권유로 송암 김면이 의병을 일으키자 군사를 이끌고 그와 합류해 고성과 성주 등의 전투에서 공을 세웠습니다.

1597년 정유재란 때 낮잠을 자는데 참판공이 나타나 적들이 무덤을 파헤친다고 해 놀라 깨어 하루에 300리를 달려 대산면 독점으로 오니 과연 묘지가 파헤쳐져 있었습니다. 시체가 든 널을 안고 통곡

조탄의 묘비(대산면 구혜리 658-2)

하니 적장이 효성에 감동해 놓아주었다고 합니다.

정유재란을 맞아서는 순찰사 이용순이 복수장군으로 임명하면서 1000 군사를 맡겨 구미 금오산성에 주둔한 왜적을 막게 했습니다. 장사 수십 명을 적의 복장으로 가장한 후 6월 25일 밤에 몰래 올라가 군량과 말먹이에 불을 질러 난장판으로 만들고 좌우에서 협공하여 수많은 적을 베고 보루를 부수니 왜적이 진지를 버리고 도주했습니다.

8월 3일 곽재우 장군이 초청하여 13일부터 화왕산성에 주둔했습니다. 곽재우 장군은 "금오산성의 추악한 왜적을 10일 안에 신통한 계책으로 소탕했다는 소식을 들었습니다. 동생 재우는 화왕산성에서 형세가 외롭고 쓸쓸한데다 적이 날뛰는 것을 생각하니 근심과 울분에 잠을 이룰 수 없습니다. 장군의 진지는 무탈하다 하니 이곳에서 생사고락을 함께함이 어떻겠습니까?"라고 했습니다.

1598년 6월 명나라 구원병이 울산성을 공격하는데 왜적의 저항이 거세어 크게 곤욕을 치르고 있다는 소식을 듣고 병사 1000명을 데리고 출전해 25일 수십 기마병으로 명나라 군사를 구원했습니다. 26일 밤에는 명나라 군사와 함께 적진에 숨어들어 한꺼번에 들고일어나 싸웠으며, 27일 아침에는 다른 군대까지 가세하게 되면서 왜적을 대파했습니다. 1605년 4월 선무원종공신에 올랐습니다.

차천홍·차억세

차천홍은 임진왜란 때 참전한 공훈으로 선무원종공신에 올랐습니다. 칠북면 봉촌리 상충사에 있는 비문에 행적이 기록돼 있습니다.

"임진란 때 동래와 부산이 먼저 변을 당했는데 부사 송상현, 첨사 정발 등이 순절했고 당시 34인이 군졸 300여 명을 모아 강북의 소산에 숨어 병기도 만들고 돌을 모아 밤에 적진을 습격하니 뜻밖의 공격으로 적이 많이 죽고 도망쳐 떠났다. 차천홍이 34인 중에 한 분이다. 임금의 수레가 서쪽으로 옮겨갈 때 호위하러 가다 길이 막혀 중지하고 망우당 곽재우를 따라 화왕산성을 함께 지켰다."

칠북면 봉촌리의 남덕재 기문을 보면 "연안 차씨는 사복 천홍, 주부 억문, 사복 억세, 금군 연생 제현의 덕이 빛난다"는 구절이 있고 대산면 하기리의 경동재 기문을 보면 "억세 공이 선조 임란에 충성심으로 적을 쳐 그 공이 삼등훈에 올랐다"는 구절이 있습니다.

차천홍과 6촌인 차역세도 역시 임진왜란 때 공을 세워 선무원종 공신에 오른 것은 알 수 있지만 다른 자료는 더 찾을 수가 없습니다.

황경헌

· 『함주지』에 이렇게 기록이 남겨져 있습니다. "임진년(1592년)에 군공이 있어 선무원종이등공신에 들었다."

이밖에 임진왜란 때 활약했던 김군걸·안광업·안광윤·안덕남· 안몽량·윤영상·윤홍량·이인·조산 등의 이름을 몇몇 기록에서 확인 할 수 있었습니다. 앞으로도 밝혀지지 않는 기록이나 인물들을 찾아 내는 작업은 계속 이루어져야 할 것 같습니다.

아래는 임진왜란의 참혹함을 온몸으로 겪은 이들의 이야기입니 다. 이런 기록도 함안에는 제법 많이 남아 있습니다.

동래 할멈

　1592년 임진왜란에 왜구가 재물과 부녀자들을 많이 노략질해 갔습니다. 이때 왜국에 잡혀간 동래 할멈은 그곳에서 10여 년을 지내게 됩니다. 당시 30여 세 나이로 동래에 사는 기생이었는데 그래서 사람들은 훗날 동래 할멈이라 불렀습니다.

　1606년 봄 조선 사신이 화친을 하고 돌아올 때 왜가 잡아간 사람들을 돌려보냈는데 동래 할멈도 함께 돌아왔습니다. 할멈은 늙은 어머니가 있었는데 난리를 만나 헤어지고 말았습니다. 돌아와서 어머니를 찾았더니 할멈과 마찬가지로 왜국으로 잡혀가 돌아오지 못했다는 소식을 듣게 됩니다.

동래 할멈의 무덤(가야읍 도항리 92-6)

　어머니와 딸이 함께 왜국에 10년 동안 있었는데도 서로 그 사실조차 까맣게 몰랐던 겁니다. 할멈은 친족들에게 어머니를 찾지 못하면 돌아오지 않겠다는 다짐을 남기고 다시 바다를 건너 왜국으로 갔습니다.

　거리에서 구걸을 하고 온갖 고생을 하면서 나라 안을 두루 돌아다니다 마침내 어머니와 만나게 됩니다. 어머니는 일흔이 넘었는데도 다행히 건강했습니다. 이 소식을 들은 왜인들도 크게 놀라 감탄하며 모두들 훌륭하다며 눈물을 흘렸습니다. 이런 사연이 입에서 입으로 전해져 온 나라 안에 퍼지자 어머니와 함께 풀어주었습니다.

　동래 할멈은 어머니를 모시고 고향에 돌아왔지만 살아갈 길이 막막했습니다. 언니와 함께 어머니를 업고 낙동강 서쪽을 떠돌다가 함안 방목 마을에 정착하게 됩니다. 세월이 흘러 어머니가 죽고 자매가 남았는데 언니와 동생이 서로 의지하며 살았습니다.

　날품을 팔아서 쓸 것을 얻었는데 옷 하나 음식 하나를 얻어도 반드시 언니에게 먼저 주었다고 합니다. 여든이 넘어 자식 없이 죽자 마을 어른들이 모두 어진 할멈이라며 장례를 치르고 무덤을 만들어 주었습니다.

　이 이야기는 미수 허목의 문집 『미수기언』에 들어 있습니다. 허목은 "난리를 피해 영남으로 갔다가 알게 되었다"면서 1652년에 이를 기록으로 남겼습니다. 또 그 무덤도 찾아가 둘러본 다음 "남자도 못 할 일을 해내고 뛰어난 행실로 오랑캐까지 감동시켰으니 훌륭하다"고 평했습니다.

조준남·조계선 부자

　조준남은 무진정 주인 조삼의 증손자로 1597년 정유재란 때 왜적들이 증조할아버지 조삼의 묘소를 파헤치자 서슬이 퍼런 칼을 무

조준남의 무덤(법수면 황사리 산10-1)

조계선의 무덤(법수면 사정리 산4)

룹쓰고 흙을 지고 들어가 관을 덮으니 해치지 못하고 포로로 데려가려고 했습니다.

이에 "너희는 우리나라를 모욕하고 선조의 묘소를 파헤쳤으니 불공대천의 원수이다. 어찌 너희를 따라가 구차하게 살겠는가?" 하고는 북향재배하고 칼을 뽑아 목을 찔러 자살하니 왜적이 의로운 사람이라며 옷으로 시체를 덮어주고 떠났다고 합니다. 1547년에 출생했으니 향년 51세로 세상을 떠났습니다.

아들 조계선은 1570년 9월에 태어나 1603년 무과에 급제했지만 벼슬에 나아가지 않다가 인조반정 이후 선전관에 나아갔습니다. 1627년 정묘호란이 일어나자 의주부윤에 임명된 이완이 조계선에게 군기를 맡겼습니다.

무진정 옆에 있는 부자쌍절각과 충노대갑지비(가야읍 광정리 8)

밤낮으로 군사를 모집했던 조계선은 적이 도착하고 성이 고립되자 선봉이 되어 헤아릴 수 없는 적을 사살했으나 힘이 다해 전사하고 성도 함락되고 말았습니다. 조준남·조계선 부자의 절개가 조정에 알려져 1706년에 정려가 내려졌습니다.

무진정 연못가에 세워진 부자쌍절각의 정려기문에는 노비 대갑의 이야기도 있습니다. 이에 따르면 조계선의 노비 대갑은 의주로부터 돌아와 집에 들어오지 않은 채 5리 되는 곳에서 부음을 전했습니다. 또 눈물을 흘리며 말하기를 "주인 죽는 날에 어찌 홀로 살고자 했겠습니까만 주인의 명성이 드러나지 않을까 두렵고 기일을 전하지 못할까 하여 참고 여기까지 왔지만 주인을 구하지 못했으니 집에 돌아갈 면목이 없습니다" 하고는 물에 빠져 죽었습니다.

기문은 이와 같은 사실을 전하고 이어서 충성스러운 노비가 또한 충신의 집에서 났다고 적었습니다. 부자쌍절각 옆에는 노비 대갑을 기리는 '충노대갑지비'가 서 있고 조계선의 후손들은 법수에 같이 묘소를 만들어 제사도 지내주고 있습니다.

주익창·주필창 형제 부부

주익창과 주필창은 주세붕의 양아들 주박의 삼남과 사남입니다. 1592년 임진왜란이 일어나자 주익창은 의병을 이끌고 곽재우 장군에게로 가서 창의에 가담했습니다. 곽재우 장군과 생사를 함께한 이

『동국신속삼강행실도』의 이부익사 그림

『동국신속삼강행실도』의 익창단지 그림

들의 성명과 거주지를 적은 용사응모록에 주익창의 이름이 올라 있습니다.

왜적은 1593년 웅천(지금의 진해)과 서생포(지금의 울산)에 있으면서 화의를 진행하는 한편 앞서 대패한 진주성을 호시탐탐 노리고 있었습니다. 1593년 6월 왜적은 10만 병력을 동원해 함안, 반성, 의령을 점령하고 6월 21일 제2차 진주성 전투가 시작되었습니다. 밤낮으로 하루 일곱 차례의 공격을 잘 막아냈으나 6월 28일 충청도병마절도사 황진이 전사하자 6월 29일 마침내 함락되고 말았습니다.

당시 곽재우 장군은 진주성에서 10만의 왜적을 상대하는 것은 무리라고 판단해 입성하지 않았는데 함안·의령이 점령되고 진주성이 무너지자 곽재우 의병도 일부 흩어지게 되었습니다. 이때 주익창과 주필창 형제는 지리산의 대갈동으로 피란하고자 두 동생과 가족 여덟 명을 데리고 길을 떠났습니다.

그러다 도중에 고을 선비들이 왜적을 막기 위해 산으로 들어가는 것을 보고 의기가 일어 함께하게 됩니다. 이후 왜적들이 한꺼번에 밀어닥치자 두 형제가 깃발을 높이 들고 산세에 의지해 싸웠습니다. 덕분에 나머지 일행은 무사히 벗어날 수 있었습니다. 하지만 두 형제는 화살이 다하고 칼끝이 부서져 마침내 전사하고 말았습니다.

이에 주익창의 부인 이씨가 왜적에게 몸을 더럽힐 수 없다며 물에 빠져 죽겠다고 하자 주필창의 부인 김씨도 그러겠다고 해 둘이 함께 손을 맞잡고 물에 뛰어들어 생명을 다하고 말았습니다. 칠서면 무릉마을 입구에는 주익창 부인 이씨와 주필창 부인 김씨를 기리는 쌍

절각이 있습니다

동서지간인 두 부인이 왜적에게 당하지 않기 위해 한 날 한 시에 스스로 목숨을 끊을 수밖에 없었던 사연이 전쟁 이후 나라에서 발행한 『동국신속삼강행실도』에 '이부익사'라는 제목으로 실리기도 했습니다. 이부익사는 '두 부인이 물에 빠져 죽었다'는 뜻입니다.

주익창은 효자로도 이름이 높았습니다. 『동국신속삼강행실도』에 '익창단지'가 실려 있습니다. 병든 아버지의 입에 피를 넣어 드리기 위해 '익창이 손가락을 잘랐다'는 말인데요 뿐만 아니라 아버지의 똥까지 맛보았다고 합니다. 게다가 주익창은 동생 필창이 악질에 걸렸을 때도 손가락을 자른 적이 있었다고 합니다.

8. 임진왜란 영웅들의 낙동강 뱃놀이

전란을 이겨낸 위로와 자축의 모임

옛날에는 사람이 죽으면 그 사람의 일대기를 새긴 비석을 무덤 앞에 세웠습니다. 물론 평민이나 천민은 그렇게 못했고 주로 양반들의 무덤에만 있었습니다. 이를 묘갈 또는 묘비라고 하는데 거기에 새긴 글이 『칠원읍지』에 여러 편 실려 있습니다.

이 가운데 두암 조방과 도곡 안정이라는 인물의 묘갈에 눈여겨볼 만한 대목이 나옵니다. "한강 정구, 여헌 장현광, 망우당 곽재우를 비롯한 여러 훌륭한 분들과 함께 용화산 아래에서 뱃놀이를 했다"고 적혀 있습니다.

이름이 나오는 세 분 가운데 망우당 곽재우 장군은 홍의장군으로 널리 알려진 임진왜란 의병장입니다. 가장 먼저 의병을 일으킨 장군으로 정암진전투 등 왜적과 맞서 싸워 한 번도 지지 않고 모두 이겨서 당대에 이미 이름이 높았습니다.

한강 정구와 여헌 장현광도 곽재우 장군에 비하면 덜 알려졌지만 역시 대단한 분들입니다. 셋 가운데 가장 나이가 많은 한강 정구는 함안군수를 지낸 적도 있고 학문으로도 존경을 받을 만한 인물이었습니다. 뿐만 아니라 임진왜란 때에는 강원도 일대에서 왜적을 물리친 장수이기도 했습니다. 나이가 가장 적은 여헌 장현광 역시 학문에 뛰어난 자질을 인정받아 훗날 영남에서 으뜸가는 학자로 성장을 한 분입니다.

임진왜란이 막 끝난 1607년 1월 27~28일에 아주 특별한 뱃놀이

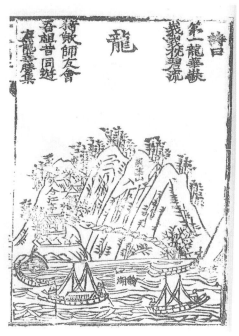

용화산하동범지도 ① 용화승집(龍華勝集)

용회산하동범지도 ② 청송모경(靑松暮磬)

용화산하동범지도 ③ 도흥수석(道興搜石)

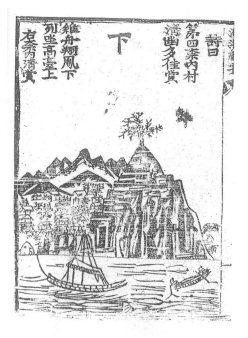

용화산하동범지도 ④ 내내청상(奈內淸賞)

용화산하동범지도 ⑤ 경양기촉(景釀奇矚)

용화산하동범지도 ⑥ 우포추범(藕浦追帆)

용화산하동범지도 ⑦ 평사낙안(平沙落雁)

용화산하동범지도 ⑧ 창암동주(滄巖同舟)

가 펼쳐졌습니다. 참여한 인원만도 35명이었으니 당시로서는 대단한 규모라 할 수 있겠습니다. 이날 뱃놀이는 단순히 유흥을 즐기는 자리가 아니라 민족 최대의 시련이었던 임진왜란을 이겨낸 위로와 자축의 모임이었습니다.

이 낙동강 뱃놀이에 참가한 35명의 면면은 이렇습니다. 당시 작성한 '용화산하동범록'에는 정구(1543년) 곽재우(1552년) 박충후(1552년) 장현광(1554년) 등 4명이 제일 앞에 적혀 있습니다. 주빈이라고 할 수 있는 이들의 기재 순서는 그들이 지녔던 벼슬에 따라 정해졌습니다.

그리고 자리를 함께했던 나머지 31명은 아래와 같이 생년 순서대로 적혀 있습니다. 이길(1538 함안), 성경침(1543 함안), 신초(1549 영산), 조식(1549 함안), 이숙(1550 함안), 노극홍(1553 창녕), 신방집(1556영산), 조방(1557 함안), 이후경(1558 영산), 나익남(1558 함안), 이도자(1559 영산), 유해(1565 영산), 이명호(1565 함안), 이도유(1566 영산), 박진영(1569 함안), 이명경(1569 함안), 이명념(1571 함안), 신응(1572 영산), 이명각(1572 함안), 이명여(1573 함안), 안정(1574 함안), 이시함(1575 고령), 곽형(1578 현풍), 이도일(1581 영산), 이난귀(1584 성산), 유무룡(1584 성산), 조임도(1585 함안), 이도보(1587 영산), 이해(1587 영산), 이충민(1588 칠곡), 최문주(? ?).

미래세대까지 함께한 자리

참여한 이들의 면면을 보면 이 뱃놀이의 성격을 바로 알 수 있습니다. 술자리를 마련한 조방은 칠원 의병장이고 술잔을 돌린 신초는 영산 의병장입니다. 함안군수 박충후는 경북 상주·함창의 의병장이고 이숙·노극홍·박진영·이명념은 함안 출신 의병장이며 신응·신방집·이도자는 영산 출신 의병장으로 모두 12명이 의병장이었습니다.

그러면 23명이 남습니다. 이 가운데 11명은 부모상을 당했거나 늙어서 예순 살이 넘었거나 부모 처자의 생계를 책임져야 했던 사람들입니다. 나머지 12명은 전란 당시 스무 살에 미치지 못한 어린 세대였습니다. 이들에게 뱃놀이는 그야말로 훌륭한 인물을 뵙고 말과 생각과 행동을 배우는 귀한 자리였습니다. 당시 모습을 말석에 끼어 있던 23살의 젊은이 조임도가 기록으로 남겼습니다. 대략 옮겨보면 이렇습니다.

"용화산 아래에서 뱃놀이를 하던 날 곽재우가 웃으며 '내가 보기에는 장현광이 한강 정구보다 낫습니다'고 말했다. 이에 한강이 '망우당의 소견이 옳습니다'라고 답하고는 장현광을 장하게 칭찬했다. 나이가 가장 많은 성경침이 좌중에서 손을 저으며 말씀하기를 '먼저 그런 말씀을 마시오. 내게는 단지 스승(정구)이 있음을 알 뿐이오'라 했다. 이후경도 곽재우를 보면서 '망우당의 의견은 어리석음이 있다'라고 했다. 이렇게 서로 한바탕 재미있게 말씀들을 하고 마쳤다.

생각해 보니 망우당의 말씀은 질박하여 꾸밈이 없고, 한강의 대답은 탁 트여 사사로움과 인색함이 없었으며, 성경침과 이후경의 말씀도 스승을 높이려고 한 것이니, 그 뜻이 각각 있다. 다시 얻을 수 없는 성대한 모임이었다."

　일행은 곽재우 장군이 살고 있던 창녕의 망우정에서 배를 타고 출발해서 경양대를 지났습니다. 그러고는 내내 마을에 올라 산천의 빼어난 경치를 두루 구경한 다음 도흥 마을에 머물러 쉬었습니다. 이때 두암 조방은 친형인 입암 조식과 함께 술자리를 마련했습니다. 임진왜란을 이겨낸 전쟁영웅들, 전란의 참혹함을 온몸으로 감당한 어른들, 전란이 남긴 상처를 극복하고 새 세상을 열어나갈 젊은 세대가 한데 어우러진 뜻깊은 뱃놀이였습니다.

　이 여정을 후손들이 '용화산하동범지도' 그림으로 담았습니다. 1758년 간행된 책『기락편방』에 실려 있는데 '기락편방'은 우리말로 옮기면 '낙동강의 아름다운 이야기' 정도 됩니다. 선조들의 탐방 루

1607년 뱃놀이에 23살의 젊은 나이로 참석했던 조임도가 1633년에 지은 합강정

트에서 아름다운 풍경 여덟 개를 골라 상류에서부터 차례로 넣었습니다. ①용화산 아래에서의 훌륭한 모임 ②청송사의 저녁 종소리 ③도홍보에서 쓸 만한 돌을 찾음 ④내내촌의 맑은 정취 ⑤경양대의 멋진 구경거리 ⑥우포(=우질포)에 떠다니는 돛단배 ⑦모래톱에 내려앉는 기러기 ⑧창암(=망우정)에서 함께 배를 탐 등입니다.

지금도 이어지는 그날의 모임

이런 뱃놀이는 한 번에 그치지 않았습니다. 1628년 조임도 양훤 등 9명이 경양대 아래에서 뱃놀이를 하고 '경양대하선유기'와 '경양대동범록'을 남긴 것이 가장 빠른 것입니다. 다음은 1700년 3월 갈암 이현일과 영산현감 권두경 등을 좌장으로 해서 모두 46명이 벌인 뱃놀이로 이들이 남긴 '창암동범록'에는 망우당 곽재우 등이 빠짐없이 언급되고 있습니다.

1885년 4월, 용화산하동범에서 네 번째였던 장현광의 후손 사미헌 장복추가 주동이 된 네 번째 뱃놀이가 있었습니다. 대구 도동서원을 지나 창녕 강림재를 들른 뒤 경양대와 용화산 일대에서 뱃놀이를 즐겼는데 합강정에서 자면서 며칠을 머물렀습니다. 1898년 윤3월, 경북 고령의 큰 선비 만구 이종기가 주동된 뱃놀이는 나흘 동안 이어졌는데 이들도 곽재우 등 옛 선인들을 기렸습니다.

뱃놀이는 일제강점기와 해방 이후에도 계속되었습니다. 2022년

함안박물관에서 관련 자료를 확보했는데, 이 가운데 해방 이후를 보면 이렇습니다. 함안을 중심으로 '낙강동범계'라는 모임이 1955년 7월 합강정에서 총회를 하고 조직되었습니다. 1960년대까지 낙동강 뱃놀이를 이어간 이들의 이름과 시를 담은 『낙강동범 계안 부 시집』을 보면 이들의 뱃놀이는 1957년 7월(낙동강)과 1960년 7월(정암강) 등 두 차례 있었던 것으로 확인됩니다. 여기서도 1607년의 뱃놀이는 어김없이 등장했습니다.

함안의 삼칠 지역에 해당되는 낙동강에서 400년 전에 이처럼 대단한 뱃놀이가 있었다는 것도 놀라운 일이지만 후손들이 지금까지 모임을 이어오고 있다는 것이 더 대단한 것 같습니다. 이들은 '선현들을 기린다'는 뜻으로 '모현계'를 만들고 해마다 행사를 갖고 있습니다. 그 장소가 모현정인데 남지철교 못 미쳐 강가에 놓여 있는 능가사 뒤편에 자리 잡고 있습니다. 과거의 역사가 아니라 지금도 이어지고 후세에도 이어질 수 있는 행사라 더욱 의미가 크다 할 수 있겠습니다.

郡景德王改令名高麗成　倉庫邑倉在城西倉　海

19세기 후반은 전정·군정·환곡 등 삼정문란이 극심해지고 세도 정치로 인해 백성들의 삶이 극도로 피폐했던 시기였습니다. 계속되는 학정에 시달려 더 이상 버틸 힘이 없어진 백성들은 여기저기서 들불처럼 일어나게 됩니다. 이 시기 민란은 1860년대와 1890년대 두 차례 전국적으로 일어났습니다.

　『칠원읍지』를 보면 1868년 11월 조현택 현감이 민란이 일어나게 했다는 이유로 붙잡혀 의금부에 끌려가 수사를 받았다는 대목이 있습니다. 『칠원읍지』에는 더 이상 자세한 내용이 나오지 않는데 『고종실록』1868년 11월 30일자를 보면 사정을 좀더 알 수 있습니다.

　신하들이 임금께 아뢰는 내용에 칠원민란 관련이 있었습니다. "백성 수천 명이 무리를 모아 악행을 저지르고, 객사에 모여 곡을 하고 수령을 몰아내었습니다. 현감 조현택이 백성들에게 신임을 받지 못해 흔치 않은 변고가 생겼으니 먼저 현감을 파출하소서."

　이에 고종 임금은 먼저 난동을 부린 수괴들부터 잡아 목을 베게 하고 조현택 현감은 나중에 천천히 처리했습니다. 수령이 아무리 잘못했어도 그 시대에는 임금을 대신하는 관리였으니 임금에게 대든 일반 백성의 죄가 훨씬 더 크다는 뜻입니다.

　그렇게 해서 황상기, 이도여. 전홍이, 윤달주 4명은 각각 주동, 객사 난동, 선봉, 수령 공격을 이유로 목이 잘리는 효수형을 당했으며 김감천 등 백성 4명과 김병인 등 아전 3명은 이에 호응하거나 이름을 올렸다는 이유로 곤장형을 두 차례 받은 다음 멀리 귀양 보내졌습니다. 이밖에 김채현 등 8명도 유배형에 처해졌고 김병두 등 12명은 곤장을 맞고 풀려났습니다.

그러면서 현감 조현택은 '백성들을 어루만져 편안하게 돌보는 수령의 직책을 제대로 수행하지 못했으므로 죄가 매우 무겁다'는 판결을 받았습니다. 그래서 곤장 30대를 한 차례 맞은 다음 전라도 강진으로 유배되었습니다. 조현택은 고종 임금이 1년 남짓 만에 풀어주었지만 민란을 일으킨 백성들의 유배는 풀어주지 않았습니다.

지금은 세상이 많이 바뀌어서 파업이나 시위는 생존권을 지키기 위한 정당한 행위로 생각을 합니다. 그러나 옛날 지배층은 민란을 국법을 어기고 질서를 어지럽히는 폭동이나 하나뿐인 주권자인 임금에 대한 도전으로만 받아들였습니다.

『고종실록』에 따르면 '수천 명'이 모였다고 했는데 당시로서는 칠원에 사는 거의 모두가 결집했다고 보아도 무방합니다. 비록 일시적이었다 해도 대단한 규모로 상당한 의미를 가지는 큰 사건이었다고 할 수 있겠습니다. 하지만 칠원민란은 그 이상 구체적으로 밝혀진 부분이 거의 없어서 연구·조사가 더 필요하지 않을까 싶습니다.

山翼面

郡景德王改令名高麗成

倉庫邑倉在城西倉

每金一軍在鎭海縣

독립운동자금을 내놓은 주시성

『칠원읍지』의 제일 끝 페이지에는 주시성이 실려 있습니다. 1909년『칠원읍지』가 마지막으로 편찬될 무렵에 생존해 있었던 인물로 부모님을 극진한 정성으로 모시면서 이웃을 위해 기부도 많이 했습니다. "농사짓는 논밭을 친척과 이웃들에게 나누어주었고 20년 동안 곡물을 풀어서 가난한 사람들을 돌보아주었다."

이런 주시성이 강도를 당한 적이 있었습니다. 1909년 8월 5일인데 당시는 이미 일본 사람이 경찰서장을 할 정도로 나라가 망한 상태였습니다. 이 이야기는 당일 작성한 일본 경찰의 보고서에 나오는 내용입니다.

주시성 송덕비(오른쪽)와 효자비(칠원읍 구성리 844-6)

그날 밤 9시쯤에 20명 남짓한 떼강도가 들이닥쳐 주시성과 손자에게서 돈 84꾸러미를 빼앗아 달아났습니다. 강도들은 같은 날 오후 5시쯤에 칠원경찰주재소를 습격해서 일본인 순사와 상인 등 7명에게 머리와 가슴 어깨 등을 칼로 찔러 크고 작은 상처를 입히기도 했습니다. 그런데 같은 떼강도인데도 주시성과 손자는 해코지를 하지 않았습니다. 이유는 두 달 뒤에 떼강도 두목이 일본 경찰에 붙잡히면서 풀리게 됩니다.

이름이 서병희였는데 알고 보니 칠원을 비롯해 중서부 경남에서 활약한 의병대장이었습니다. 일본의 의심을 사지 않고 의병부대에 군자금을 대주려고 미리 짜고 한 행동이었던 겁니다. 서병희 대장은 갖은 고문을 당하면서도 의연하게 버티었습니다. 뼈가 부러지고 피를 흘리면서도 동료 이름을 한 사람도 대지 않았습니다. 결국 순국하고 말았는데 그때가 마흔셋 한창 나이였습니다.

몽골에서 독립운동을 벌인 대암 이태준

1883년 11월 21일 함안 군북면에서 태어난 이태준은 어린 시절 고향 서당 도천재에서 한학을 공부했습니다. 24살 되던 1907년 10월 서울 세브란스의학교에 입학해 1911년 6월에 졸업하고 세브란스병원에서 수련의로 근무했습니다. 이태준은 재학 중 병원에 입원한 도산 안창호 선생을 만난 것이 인연이 되어 비밀항일단체 청년학우회

대암 이태준 기념관

에 가입하게 됩니다.

때마침 1911년 10월 10일 시작된 중국의 신해혁명은 식민지 청년 이태준에게 새로운 희망이 되었습니다. 중국을 침탈하는 제국주의 외세에 맞서기 위해 청나라 왕조를 무너뜨리고 공화국을 건설하려는 이 혁명에 의사로 종군하기 위해 1912년 1월 중국으로 망명합니다.

처음에는 중국인 기독교도의 도움을 받아 기독회의원에 의사로 취직하여 중국의 혁명정당 인물들과 관계를 갖는 한편 한인 유학생들을 만났습니다. 또 미국에 있던 안창호와 연락을 갖고 간도의 신흥무관학교 졸업생들의 조직인 신흥교우단에 후원금을 보내기도 했습니다.

몽골 의사가 되다

1914년 무렵 중국을 떠나 몽골의 수도 고륜(지금의 울란바토르)에 정착한 후, 상하이에서 만나 알게 된 김규식의 권유로 동의의국이라는 병원을 열었습니다. 당시 이태준의 동의의국은 병에 걸려도 기도나 주술 말고는 기댈 데가 없었던 몽골인들에게 체계적인 치료를 할 수 있는 최초의 근대의술이었습니다.

이태준은 몽골 임금 보그드칸의 어의로 임명되었고, 몽골 주둔 중국 군벌 가오 시린의 주치의로도 활동했습니다. 보그드칸은 이태준에게 1919년 7월 '에르데니-인 오치르' 훈장을 수여했는데, '귀중한 다이아몬드'라는 뜻으로 외국인이 받을 수 있는 가장 높은 등급의 표창이라고 합니다. 이는 중국 상하이에서 발행되던 1919년 11월 11일자 『독립신문』에 보도되기도 했습니다.

고륜은 러시아의 모스크바와 중국의 상하이를 잇는 교통의 요지였습니다. 이태준은 여기서 독립운동가들의 안전한 통행을 위해 숙식과 교통편 제공 등의 노력을 아끼지 않았습니다. 1919년 신한청년당 대표로 파리평화회의에 파견된 김규식에게 거금 2000원의 독립운동자금을 내놓기도 했습니다.

골드바 운송에 목숨을 걸다

이태준이 가장 심혈을 기울인 활동은 따로 있었습니다. 러시아 소비에트정부로부터 대한민국 임시정부의 활동 자금으로 받은 골드바를 상하이까지 무사하게 전달하는 일이었습니다. 골드바를 갖고 비적 떼와 일본 군대가 설치는 국경도시와 산악지대를 지나는 것은 매우 어려운 일이었습니다.

1920년 지급된 40만 루블 상당의 골드바 가운데 몽골을 통해 운송하기로 한 것은 12만 루블 어치였습니다. 이 가운데 1차분 8만 루블 어치는 그해 10월 상해 임시정부에 성공적으로 전달됐습니다. 2차분 4만 루블 어치는 이듬해 2월 이태준이 직접 전달을 시도했습니다.

이태준은 골드바의 안전한 운송을 위해 중국 정부로부터 통행 허가증을 발급받고 중국을 향해 출발했습니다. 그런데 고륜을 점령한 러시아 반혁명군 운게른 부대가 바로 추적하는 바람에 붙잡히고 말았습니다. 이태준은 고륜으로 바로 압송돼 공산주의자들과 긴밀히 협력했다는 이유로 서른여덟 나이에 비참하게 목숨을 잃었습니다.

죽어서도 김원봉과의 약속을 지키다

이태준은 앞서 1차분 운송을 마친 직후 베이징에서 약산 김원봉을 만나고 의열단에 가입을 하게 됩니다. 당시 의열단은 질 좋은 폭탄이 없어서 단원들이 죽거나 다치고 불발탄이 되어 목적을 이루지 못하는 경우가 많았습니다. 이에 이태준은 의열단의 혁명 활동을 돕기 위해 우수한 폭탄 제조기술자를 소개하기로 약속했습니다.

그의 자동차 운전기사가 바로 우수한 폭탄 제조기술자였는데 헝가리 출신으로 몽골에서 이태준과 인연을 맺은 마자르라는 청년이었습니다. 이태준은 김원봉에게 소개하기 위해 자신의 마지막 중국 여정에 그를 동행시켰지만 불발에 그치고 말았습니다.

그런데 살아서 지키지 못한 약속이 죽고 나서 이루어지게 됩니다. 얼마 지나지 않아 마자르가 베이징에 나타난 것입니다. 마자르는 조선 사람들에게 김원봉을 아느냐며 만나게 해달라고 간청했는데 소식을 들은 김원봉이 그를 불러 만나게 되고 이로써 의열단은 질 좋은 폭탄을 갖게 되었습니다.

인류애와 국제 친선을 바탕으로 독립운동

고륜에 있던 이태준의 묘소를 둘러보고 소감을 남긴 독립운동가가 있었는데 해방 공간에서 통일 독립을 위해 큰 역할을 했던 몽양 여운형입니다. 1921년 가을에 묘소를 찾아간 그는 "이 조선 사람의 무덤은 이 땅의 민중을 위하여 젊은 일생을 바친 한 조선 청년의 기특한 헌신과 희생의 기념비였다"고 애도하면서 "민중의 생활을 망치는 가장 고약한 육체적 질병인 화류병 … 이 화류병의 절멸에 많은 공헌이 있었다"고 업적을 소개했습니다.

몽골 정부는 최근까지 이태준의 묘소를 찾기 위해 노력했으나 성공하지 못했습니다. 대신 묘소가 있었던 자이승전망대 근처에 이태준 선생 기념공원과 기념관을 마련했습니다. 아시아대륙의 깊숙한 내륙 몽골에서까지 독립운동을 벌였던 대암 이태준은 1990년 국교가 수립되면서 한-몽 친선의 상징으로 되살아났습니다

고향 함안군 군북면에도 대암 이태준 기념관이 들어서 있습니다. 2021년 세워진 이 기념관은 단순히 항일과 독립운동을 기리는 것에 그치지 않습니다. 국적과 인종을 넘어서는 보편적 인간 사랑과 국

제 우호의 실천이라는 묵직한 메시지까지 담고 있습니다.

사랑의 독립운동가 산돌 손양원

산돌 손양원(1902~1950년)은 사랑을 무기 삼아 독립운동을 벌였습니다. 손양원은 개신교 목사였습니다. 세상을 떠난 뒤 그의 일생을 두고 '사랑의 원자탄'이라는 오페라가 만들어질 정도로 모든 사람을 한없이 사랑한 인물입니다.

손양원 목사는 우리나라 최초의 한센병 요양원인 전남 여수의

손양원 기념관

애양원에서 일했습니다. 한센병은 흔히 나병이라고 알려져 있는데 사람들이 가까이하는 것을 꺼렸습니다. 손 목사는 당회장을 맡자마자 직원과 환우가 따로 앉던 것을 없애고 같이 앉도록 했습니다. 목사석과 장로석을 구분하는 유리막도 없앴는데 그것은 차별의 벽을 허무는 것이었습니다. 환우의 손을 잡을 때는 장갑을 끼는 것이 관행이었지만 그는 맨손으로 악수하고 밥도 같이 먹었습니다. 환우들을 깊이 사랑해서 자식들보다 환우들과 함께 지내는 시간이 더 많을 정도였습니다.

개신교는 하나님 말고 다른 존재를 섬기고 절하는 것을 우상숭배라면서 못하게 합니다. 그런데 일제는 날마다 일본왕 천황이 있는 동쪽을 향해 절을 시키고 일본 신들을 모시는 신사도 참배하도록 강요했습니다. 일제의 서슬에 눌려 개신교도 대부분 신사참배를 했지만 손양원은 이를 받아들이지 못했습니다.

손양원 목사는 애양원교회에서 설교할 때마다 신사참배는 하나님의 가르침과 맞지 않는 우상숭배이고 죽은 다음 천국에도 가지 못하게 하는 잘못된 행동이라고 말했습니다. 이 때문에 결국 일제에 끌려가 징역 1년 6개월을 선고 받고 감옥에 갇히게 됩니다.

그런데 일제는 1년 6개월이 지났는데도 풀어주지 않았습니다. 감옥에서 나가려면 신앙을 포기하고 신사참배를 약속해야 한다고 말과 주먹으로 윽박질렀던 겁니다. 이를 따를 수 없었던 손양원은 기약 없이 갇혀 있다가 해방이 되어서야 풀려났습니다.

그런데 손 목사는 하늘이 무너지는 일을 3년 뒤에 겪게 됩니다.

민족의 진로를 두고 나라가 온통 좌우로 나뉘어 격렬하게 다투는 와중에 큰아들과 작은아들이 좌익에게 한꺼번에 목숨을 잃은 것입니다.

손양원은 크게 상심하고 슬픔에 잠겨 지냈습니다. 그러다가 두 아들을 죽도록 한 안재선이라는 사람이 국군에게 체포됐다는 소식을 듣게 됩니다. 보통 사람 같으면 어서 빨리 죽여달라고 했겠지만 그의 행동은 달랐습니다.

사형 대상으로 분류돼 있던 안재선을 감옥에서 빼내는 구명활동을 펼쳤습니다. 그의 노력으로 안재선은 석방을 하게 되고 집으로 찾아가 안재선에게 사랑하고 용서한다는 진심을 전달합니다. 그리고는 안재선이라는 이름을 손철민으로 바꾸고 양자로 들였습니다.

손양원 목사는 친자식을 둘이나 죽인 안재선을 용서하고 원수를 사랑하라는 예수의 가르침을 따라 자기 아들처럼 사랑했습니다. 세상에는 좋은 이야기들이 너무나 많습니다. 하지만 그 말을 내 것으로 받아들여 실천하는 일은 정말 어렵습니다. 종교인이라고 별반 다르지 않습니다. 이런 실천은 세계 기독교 역사 어디에도 없는 일이었습니다.

손양원 목사는 칠원읍 구성리 685에서 태어나 자랐습니다. 지금 그 자리에는 복원된 생가 마루에서 책을 읽는 산돌의 동상이 찾는 이를 반기고 있습니다. 그리고 그 옆에는 '애국지사 산돌 손양원 기념관'이 멋진 모습으로 들어서 있습니다. 언제 한 번 산책 삼아 들러서 둘러보기 좋은 자리입니다.

노령에도 만세시위에 앞장선 안지호 의사

안지호 의사는 1919년 3·1독립만세운동에서 함안을 대표하는 인물입니다. 1857년 9월 21일 태어나 함안군 대산면 산서리에 살면서 서당을 열고 학생들을 가르쳤는데 이전에도 일제의 식민지배에 맞서는 행동을 서슴지 않았습니다.

1913년에는 도정이 부패해 민생이 도탄에 빠져있다면서 시정을 요구하고 나무라는 글을 일본인 경남도지사에게 발송했습니다. 1915년에는 원수 일본이 강제로 조약을 맺고는 약속을 어겼다는 문서를 마산경찰서장과 일본 정부에 보내 구류 15일을 살기도 했습니다.

그의 이런 저항은 이후에도 계속 되었습니다. 1917년에는 도적 일본이 백성을 포악하게 다룬다고 규탄하는 글을 함안 경찰관 주재소에 유리창을 깨고 던져 넣어 구류를 살았으며, 조선이 독립돼야 한다는 청원서를 조선총독부에 제출했다가 징역 3개월을 선고받기도 했습니다.

1919년 3월 19일 함안읍 의거에서 안지호 의사는 만세시위에 참여하기 위해 미리 준비한 태극기와 대한독립가를 갖고 있다가 일본 순사에게 체포돼 주재소 유치장에서 갇히게 됩니다. 유치장에서 의사는 수백 차례 "대한독립만세!"를 외쳤습니다.

3000명에 이른 시위군중이 주재소를 세 차례 쳐들어가 안지호 의사를 구해냈는데 이후 의사는 훨씬 적극적으로 변했습니다. 태극기를 치켜들고 독립만세를 외치면서 군청 등을 습격하는 군중을 앞

우봉 안지호 의사 유허비(가야읍 신음리 861-2)

장서서 지휘하며 시위를 주도했습니다.

저녁 무렵 진해포병대대가 출동했을 때는 피신하라는 주위의 권고를 뿌리치고 오히려 "다른 사람은 죄가 없으니 나를 잡아가라"면서 일본 경찰과 관리를 꾸짖었습니다. 이날 안지호 의사와 함께 체포된 이는 60명을 웃돌았다고 합니다.

일본에 체포된 뒤에도 시종일관 당당한 태도를 잃지 않았습니다. 부산지방법원 마산지청에서 재판을 받을 때 검사가 신문을 시작하자 안지호 의사는 의자를 집어던지면서 "내 나라의 자주독립을 위하여 운동한 것을 너희들이 왜 간여하느냐!"며 오히려 검사를 나무랐다고 합니다.

안지호 의사는 이후 재판 과정에서 "문명 세계에서는 한 사람만 죽여도 용서받지 못하는데 일본은 우리 임금을 시해하고 동포를 수백 명이나 살해했다. 골수에 원한이 사무치는 이런 일은 그대로 두고 단지 가옥과 기물을 부수었다고 맨손의 선량한 백성에게 무기를 쓰다니 말이 되는가. 그러니 총독부·법원·군청·경찰서·은행·척식회사·등기소 같은 도둑놈의 소굴에 항의하는 것은 당연하다"고 주장했습니다.

1심에서 징역 3년이 선고되자 "함안에서 일어난 모든 의거는 모두 내가 한 것이니 3년이든 종신형이든 나만 처단하라"고 맞섰습니다. 이 재판에서 잡혀간 63명이 모두 유죄 판결을 받았고 이 중 안 의사를 비롯한 11명이 항소했습니다.

대구복심법원에서 열린 항소심에서 다른 사람들은 모두 1심 선고와 같은 판결을 받았지만 유독 안 의사만은 4년이 늘어난 징역 7년 형이 내려졌습니다. 그러자 안 의사는 3년보다는 7년이 낫다며 차라리 종신형을 달라고 했습니다. 조선 사람이 일본의 형벌을 받는 것은 지극히 부당하다며 다시 상고했으나 기각됐습니다.

대구형무소 등에서 옥살이를 할 때도 안 의사는 기개를 잃지 않고 당당했습니다. 죄수복 입기를 거부하고, 조선인 재소자들에게 바깥에 나가 조국광복을 위해 힘쓰라는 얘기를 쉬지 않고 했으며, 교도소장에게는 한국에서 하루 빨리 물러나 재산상 피해를 보상하라고 주장했습니다.

마산형무소로 옮겨졌을 무렵에는 이미 노령인데다 고문과 옥고가 겹쳐 목숨이 위태로운 상태에 놓였습니다. 병보석을 조건으로 잘못을 인정하는 자백서를 쓰라고 하자 의식이 혼미한 가운데도 종이를 찢어 버리고 상대를 나무랐습니다. 보석을 거절한 안 의사는 1921년 12월 23일 예순다섯의 연세로 옥사하게 됩니다.

죽음을 앞두고 스스로 마음을 달래기 위해 지은 한시 '자위가'는 일제뿐만 아니라 친일인사들에 대한 그의 원한이 얼마나 사무쳤는지를 짐작게 합니다. "슬프다! 조국 강토를 회복하지 못하고 금수와 같은 난신 역적이 후작·백작이 돼 적과 같이 날뛰고 있다. 맹세컨대 하루라도 같은 하늘 이고 살지 않으리라. 죽으면 영화가 되고 살면 욕이 되니 칠십의 노쇠한 늙은이가 할 일이 무엇일꼬. 일찍 지하에 돌아가 임금을 만나 뵙고 나라 사정을 자세하게 알리리라. 이렇게 내 마음을 정하고 크게 노래하니 천지가 아득하구나."

일제 경찰을 응징한 조삼귀 여사

기억해야 마땅한 항일 의거는 이밖에 여러 사례가 더 있습니다. 먼저 열녀 조씨 부인을 꼽을 수 있는데, 1882년 가야읍 도항리 함안 조씨 집안에서 태어나 여항면 외암리 여주 이씨 가문으로 시집온 조삼귀 여사를 가리킵니다.

남편은 1919년 3월 19일 함안읍 의거를 앞장서 이끈 이인구 지사

의사이인구공처함안조씨열녀비(가야읍 말산리 330-1)

입니다. 당시 시위에서 시위 군중들을 이끌고 경찰서장과 등기소장을 폭행·협박하고, 함안군수에게 대한독립만세 부르기를 강요한 혐의로 징역 3년형을 선고받고 대구형무소에서 만기 출소한 분입니다.

고향으로 돌아온 그는 정월대보름인 1924년 2월 19일 일본 경찰이 여항면에서 여자를 괴롭힌다는 말을 듣고 달려가 구했습니다. 일본 경찰이 여자를 주재소로 연행하려고 하자 이인구 지사도 동행을 했습니다. 가는 길에 여자를 해코지하지 못하도록 하기 위해서였습니다. 그런데 이 일본 경찰이 사람이 없는 으슥한 데서 이인구 지사를 칼로 찔러 죽였습니다.

무슨 일이 일어날 것 같아 남편을 뒤따라가고 있었던 조삼귀 여
사는 남편이 쓰러지자 지니고 있던 방망이로 경찰 뒤통수를 내리쳤
습니다. 경찰이 기절해 쓰러지자 여사는 돌로 쳐서 죽였습니다. 이렇
게 응징한 다음에는 바로 자결하려 했으나 2개월 전 갓 낳은 아들 때
문에 실행하지 못했습니다.

　　조삼귀 여사는 재판과정에서 "내 남편과 내 나라의 원수를 갚았
는데 무슨 죄가 있느냐"고 당당하게 말했습니다. 징역 4년을 선고받
고 대구형무소에서 옥살이를 했는데 어린 아들은 그새 병들어 죽고
말았습니다. 이후 한 점 혈육 없이 외롭게 살다가 1948년 4월 15일 세
상을 떠났는데 가야읍 관음사 입구에서 말이산고분군으로 올라가는
계단의 위쪽 왼편에 그 열녀비가 세워져 있습니다.

11. 경남 최초 최대였던 함안의 3.1만세운동

生童山

山翼面

冷井標

郡景德王改令名高麗成　倉庫邑倉在城西倉　每金
直登務恭愍王陛為邪不明　　　内在城　在鎮海縣

경남 최초 칠북 연개장터의거

　함안 사람들의 항일정신을 보여준 1919년 3월 9일 칠북면 연개장터 의거는 경남에서 처음으로 일어난 3.1만세운동이었습니다. 3월 9일에 이어 12일과 17일 대산 평림, 18일 칠북 이룡, 19일 함안읍, 20일 군북에서 의거가 잇달아 일어났고 칠원에서도 3월 23일, 4월 3일, 8일, 13일 네 차례 있었으니 함안은 모두 열 차례에 걸쳐 만세 운동이 벌어진 항일의 고장이라 할 수 있습니다.

　1976년 8월 15일 광복 31돌을 맞아 칠북면 이령리에 세운 독립운동기념탑에는 이렇게 비문이 새겨져 있습니다.

　'1897년에 이령교회가 창설되고 1904년에 경명학교가 설립된 평화스러운 문화촌이다. 기미년 3월 2일 김세민, 여봉준, 김주현, 윤기선, 황병민, 하갑수, 한세호, 정영실, 김홍찬, 김갑일, 황경수, 김차선, 안수원, 김정오가 서울 고종황제의 인산 봉행식에서 독립만세운동을 직접 참관했다. 3월 6일 새말예배당에서 김두량, 김수감, 이만웅, 여경천, 곽진수, 손학봉, 김금석, 림경환, 엄태경, 김만옥, 김윤석, 김성추, 황출이, 배양전, 박기우, 구제남, 이명이, 황마리아, 이귀애, 김혜림, 이선옥, 김혜숙, 김장덕, 곽성복, 임순우, 엄또일, 윤봉수, 진익이, 김순이 모여서 9일 연개장날에 만세를 부르기로 하고 대책 위원으로 윤기선, 여봉준, 곽성복, 김정오, 김주현을 선정해 3일간 비밀리에 모든 대책을 세웠다.

　9일 정오 연개장터에서 수천 군중이 궐기해 대회장 김세민 개회

칠북3.1독립운동기념비(칠북면 온천로 63 칠서초등학교 이령분교 건물 뒤편)

사, 유광도 격려 연설, 김정오 선언문 낭독 후 경명학교 학생들이 선
두에 서서 손에 태극기를 흔들며 독립만세를 외치고 감격에 복받쳐
울기도 하면서 마을을 순회한 후 석양에 해산했다.

　당일 행렬에는 이밖에 문장환, 박쾌일, 하숙찬, 김도근, 김도석,
김경돈, 김찬욱, 차서식, 구사문, 김영수, 김성요, 배희도, 김우천, 김용
이, 김우진, 이유근, 임용이, 곽종철, 이상안, 조은성, 김백은, 윤봉인,
양성만, 윤한경, 구찬문, 구역조, 윤봉기, 차학련, 차만갑, 한명수, 전수
업, 이덕호, 황진규, 임제한, 김학률, 김영정 등 유지 다수이고 학생은
하갑조, 박종실, 윤효준, 차용학, 문삼갑, 배대위, 구주현, 김삼백 등 전

원이 참가했다.'

두 차례 벌어진 대산면 평림 의거

3월 9일 연개장터 의거에 참여했던 권영수, 최말석 지사가 평림 하기교회에 모여 결정한데로 3월 12일에 일어났습니다. 평림 장날인 이날 정오에 수백 명이 대한독립만세를 외쳤으며 권영수, 김성근 지사가 체포됐습니다. 닷새 뒤인 17일도 수백 명이 면사무소로 몰려가 잡혀간 이들의 석방을 요구했다가 안효중 지사가 체포되면서 해산 당했습니다.

칠북면 이룡 의거

18일 오후 6시에 하상운, 진영우가 앞장선 가운데 주민 수백 명이 태극기를 앞세우고 독립만세를 외치며 거리를 행진했습니다. 일본사람 집으로 몰려가 경제적 침탈 등을 규탄했는데 일본인들이 물러나겠다면서 용서를 빌자 밤 9시경 해산했습니다.

3000명에 이른 함안읍 의거

여항면에 있던 동명학교와 함안읍에 있던 안신학교를 거점으로 삼아 치밀하게 준비한 끝에 3월 19일 일어났습니다. 함안읍 의거는 앞서 벌어진 연개·평림·이룡 의거와는 달리 처음부터 폭력을 동반하면서 격렬하게 저항하는 양상을 보였습니다.

서울에서 3.1독립만세운동을 보고 돌아온 박건병, 강기수, 조한휘, 한종순, 이찬영, 조병흠, 한관열 등이 곽종한, 이희석, 안재형, 안영중, 안재원, 안재휘 등과 함께 안신학교와 동명학교에서 태극기와 독립선언서를 제작했습니다.

3월 19일 오후 1시 비봉산에서 천신에게 아뢰는 제사를 올린 다음 객사 정문 태평루에 대형 태극기를 걸어놓고 군중을 모은 다음 이희석 지사가 독립선언서를 낭독합니다. 오후 2시에는 3000여 명이 태극기를 흔들며 거리 행진에 들어갔습니다.

이들은 저녁에 해산될 때까지 함안 경찰관 주재소를 여섯 차례 습격하고 함안군청·부산지방법원 함안출장소·함안공립보통학교·함안우체국·함안공립심상소학교·함안학교조합에 쳐들어가 쑥대밭으로 만들었습니다.

건물마다 돌을 던지고 몽둥이와 도끼, 괭이 등으로 담장, 현관, 유리창, 출입문, 판자벽, 기물, 현판, 책상, 걸상, 천장, 기둥 등을 부수었으며 공문, 서류와 사무집기 등은 흩어 버리고 짓밟아서 못 쓰게 만들었습니다.

군북3.1독립운동기념탑(군북면 중암리 20-1)

함안 경찰관 주재소 순사부장을 밟아 죽이겠다고 협박하면서 폭행했고, 민인호 군수는 순사부장이 자택에 숨어 있는 것을 찾아내 구타하면서 제복을 찢고 말을 듣지 않으면 죽이겠다며 강제로 대한독립만세를 부르게 했습니다.

마산경찰서장에게는 오늘 함안군민이 대한독립만세운동을 벌였다는 사실증명서를 작성하라고 강요하면서 폭행했는데, 이는 프랑스 파리에서 제1차 세계대전 종전 처리를 위해 열리고 있던 만국평화회의에 조선의 독립을 청원하기 위한 것이었습니다.

함안에서 가장 큰 군북 의거

함안읍 의거 하루 뒤에 일어난 군북 의거는 처음부터 군북 면민 뿐만 아니라 함안 군민 전체가 참여하는 것으로 계획돼 실제로 함안의 다른 의거보다 훨씬 큰 규모로 전개되었습니다. 서울에서 독립만세운동을 참관하고 돌아온 조상규, 조경식, 조주규, 조석규, 조형규, 조용섭, 조용규 지사 등이 조용대 지사의 집에 3월 5일 모여서 미리 계획하고 준비를 했습니다.

대산면, 여항면, 가야읍 사내·춘곡·광정·묘사리, 군북면 오곡·소포·하림·모로·중암·사도, 법수면 등 동네별 책임자들이 3월 10일 저녁 서산서당에 모여 20일 정오에 만세시위를 벌이기로 하고 서산서당과 원효암에서 태극기와 독립선언서를 만들었습니다. 이들은 18일 오후 준비가 끝나자 19일 함안읍의거에 참여했다가 일제의 검거가 시작되기 전에 철수를 합니다.

3월 20일 오전 9시 동촌리 신창학교에서 학생 50여 명이 독립선언서를 낭독하고 대한독립만세를 불렀으며, 오후 1시에는 군북 시냇가 제방에서 조상규 지사의 독립선언서 낭독과 조용규 지사의 대한독립만세 선창으로 본격 시위가 시작돼 신창, 소포, 덕대, 안도를 돌면서 참여 인원이 5000명으로 불어나게 됩니다.

우체국과 면사무소를 거쳐 경찰관 주재소를 에워싸고 전날 함안읍에서 붙잡힌 이들의 석방을 요구했으며 포병대대가 긴급 출동하고 소방차가 군중에게 검은 물감을 뿌리자 사람들이 주재소를 향해 투석전을 벌이기 시작했습니다.

　이에 일제가 공포탄 20여 발을 발사하자 군중들은 잠깐 흩어졌다가 모여들어 다시 돌을 던지며 주재소를 향해 달려들었습니다. 당황한 일제가 조준 사격을 하는 바람에 현장에서 남자 20명과 여자 1명은 숨지는 등 모두 합해 23명이 목숨을 잃었고 부상자도 18명 발생하는 상황이 벌어졌습니다. 일제도 군중의 저항에 군경 12명이 부상을 입었고 일제 밀정 노릇을 하던 일본 상인 1명이 몰매를 맞아 죽기도 했습니다.

　이처럼 19일의 함안읍 의거와 20일의 군북 의거는 시작부터 폭력 양상을 띠는 공격적 시위였는데, 단군을 받들며 민족 정통성을 내세우는 대종교를 믿는 동명학교의 영향이 컸습니다. 대종교는 일제가 종교단체로 가장한 독립운동단체로 간주할 만큼 무장투쟁 등 항일운동에 조직적으로 나선 종교였습니다.

　이연건, 이중건, 안영중, 이희석, 박종식, 박건병, 안재형 지사 등 동명학교 교사들은 비폭력 평화 시위로는 광복을 이룰 수 없다고 보고 일본 군경에 폭력으로 맞서 친일 주구를 응징하고 일제 침략의 말단기관을 파괴하는 계획을 세우고 실천한 영향도 컸습니다.

네 차례 시위를 벌인 철원 의거

　연개장터 의거에 참여한 손종일, 박순익 지사가 엄주신, 박경천,

윤사문, 김상률, 정영보, 황대수, 주영호, 신영경, 윤형규, 황영환 지사 등과 논의를 거듭한 끝에 3월 23일 오후 4시 칠원 장터에서 1000여 명의 군중으로 시작이 됐습니다.

손종일 지사의 독립선언서 낭독에 이어 대형태극기를 앞세우고 대한독립만세를 외치면서 행진을 벌였는데 일제 경찰의 저지선에 막혀 9명이 붙잡히면서 일단 해산을 했습니다. 밤 9시경 300여 명이 주재소에서 9명의 석방을 요구하다 10명이 추가로 체포되기도 했습니다.

4월 3일 오후 3시경 1300여 명이 모여 손종일 지사의 대한독립 만세 선창을 시작으로 대형태극기를 내세우며 시위를 벌였습니다. 그러다가 일제 경찰에 막혔지만 오후 5시경 800여 명이 다시 주재소로 몰려가 투석전을 벌이는 한편 친일 칠원면장의 집도 습격했습니다. 칠원 의거는 8일과 13일에도 이어졌습니다.

군북공립보통학교 항일시위

함안 사람들의 독립만세시위는 1919년이 지나간 뒤에도 이어졌습니다. 먼저 1932년에는 군북공립보통학교에서 3·1독립만세운동 13주년을 맞아 6학년 학생들이 항일시위를 실행했습니다. 2월 29일 정오 4~6학년 대부분과 1~3학년 일부 등 280여 명이 학교 운동장에 모여 시위를 시작했습니다.

이들은 학교를 나와 미리 준비한 전단을 뿌리고 대한독립만세를 외치며 거리행진을 벌였습니다. 장날을 맞아 북적이는 군북시장을 거쳐 군북공원에서 만세삼창을 한 다음 군북역을 지나 신창학교 운동장에서 해산했습니다.

전단에는 '조선어 시간을 6시간으로 환원하라, 조선 역사 시간을 배정하라, 식민지 교육과 노역을 금지하라, 학교생활에 자치권을 달라, 나카미츠 교장과 이점용 훈도는 물러가라'는 요구 사항이 적혀 있었습니다. 시위에 앞장섰던 조정제·조명제 학생 등은 3일 만에 풀려났고 김두영 6학년 담임교사와 안창준 조선일보 기자는 17일 구류를 살았습니다.

법수면민 항일시위

다음으로는 1939년의 법수면민 항일시위가 있습니다. 이는 일제가 학생들의 항일운동을 예방하기 위해 강주리에 있던 법수공립보통학교를 경찰 주재소가 옆에 있는 우거리로 옮기려 하자 지역 주민들이 반대하면서 일어났습니다.

학교 이전이 부당하다는 주민들의 하소연은 받아들여지지 않았고 오히려 학교부지 매입과 건물 신축에 드는 비용까지 주민들에게 물렸습니다. 이에 강주·황사·백산·사정·대송리 주민 200여 명이 4월 28일 정오 면사무소에서 반대시위를 하게 됩니다.

주민들은 면장을 강제로 앞장세우고 남강을 건너 장날을 맞은 의령읍내로 들어가 장꾼들과 함께 항일시위를 벌이려는 계획을 세우고 있었습니다. 진작에 300명을 넘긴 시위 군중은 월촌리를 지나 정암철교를 건너 의령으로 들어갔습니다. 일제 경찰은 이미 의령읍 백야마을 다리목에 저지선을 친 채로 기다리고 있었습니다.

경찰은 현장에서 29명을 검거해 갔으며 이후에도 주민들을 많이 연행해 함안경찰서 마당에 임시 유치장을 가설해야 할 정도였습니다. 하지만 주민들은 쉽사리 꺾이지 않았습니다. 이튿날에도 300여 명이 다시 군청과 경찰서를 찾아가 구속자 석방과 학교 이전 반대 시위를 벌였습니다.

12. 대한민국의 운명이 걸린
1950년 함안 전투

6.25전쟁에서 함안은 엄청난 격전지였습니다. 여항산을 중심으로 한 서남쪽 산악지대는 물론이고 함안면과 가야읍 등 북동쪽 평야지대가 온통 불타버렸을 정도였습니다. 당시 함안은 낙동강 방어선 이남에 있어서 안전한 줄 알았는데 어떻게 이런 상황이 펼쳐지게 되었을까요?

　바로 북한군의 기습 공격 때문이었습니다. 당시 미군은 낙동강 방어선에 주력하고 있었고 이를 지키면 대한민국 임시정부가 있던 부산을 지킬 수 있다고 생각했습니다. 그런데 충청·호남을 예상보다 빨리 장악한 북한군이 섬진강을 건너면서 턱밑으로 쳐들어왔습니다.

　북한군은 진주를 거쳐 마산까지 점령하게 되면 부산은 바로 코앞이고 이미 수중에 들어온 것이나 다름없다고 생각했습니다. 미군의 화력이 낙동강 방어선에 집중되어 있는 것도 북한군의 기습에 유리한 조건이었습니다. 무주공산을 달려서 부산을 집어먹자는 것이었습니다. 이에 맞서 그야말로 총력을 다해 북한군을 물리친 것이 함안에서의 전투였습니다. 마산을 거쳐 부산을 단숨에 점령하려는 북한군의 진격을 차단하고 나아가 막대한 타격까지 입힌 일대 쾌거였습니다.

섬진강을 넘어온 북한군의 기습

　함안 지역 전투는 국군·미군 제25사단과 북한군 제6사단·제7사단이 1950년 8월 2일부터 9월 25일까지 벌인 55일 동안의 치열한 공방전이었습니다. 함안에서의 이 전투를 두고 '마산 서부지역 전투'라고 이름을 붙일 만큼 중요한 전투였습니다.

북한군 제6사단은 7월 24~25일 목포와 여수를 점령해 전라도를 완전히 장악한 다음 28일 섬진강을 건너 하동에 집결하더니 29일 아침 마산으로 진격하기 시작했습니다. 북한군이 31일 진주에 이를 때까지 북한군의 이런 움직임에 대해 미군은 전혀 모르고 있었습니다. 그때까지 낙동강 방어에만 신경을 곤두세우고 있던 미군의 허를 찌르는 기습이었습니다.

서북산 정상에 세워진 서북산전적비 ⓒ함안군청

함안 서부 산악 지대 전투

진주를 지키던 미 제24사단은 7월 31일 북한군의 공격을 받고 8월 1일 함안 군북면 중암리로 철수해 괘방산 능선을 지켰습니다. 8월 2일 아침 북한군의 선제공격으로 괘방산 고개에서 전투가 시작되었습니다. 북한군은 기관총과 박격포로 미 제24사단 제29연대 제1대대의 전차와 트럭을 모두 파괴하는 등 큰 피해를 입혔지만 우수한 장비를 앞세운 미군이 오후 5시 괘방산 정상을 탈환합니다.

괘방산 전투는 마산으로 진격하는 북한군을 상대로 벌인 함안 지역 전투에서 그 초기 양상을 결정짓는 중요한 사건이었습니다. 생포한 북한군 포로를 통해 북한군의 병력과 화력의 규모, 목표와 사기 등 중요한 정보를 얻는 성과를 올리기도 했습니다.

이후 다시 빼앗겼으나 8월 5~6일 반격에 나선 미군은 전투기를 집중 동원해 북한군 제6사단을 폭격했으며 7일에는 괘방산 정상을 드디어 되찾았습니다. 다른 부대들도 마산 진북 야반산과 진동 일대 북한군 격퇴, 장성점 부근 고지 탈환, 북한군 제83모터싸이클 연대 폭격 등 많은 전과를 올렸습니다.

하지만 대구 북쪽에서 북한군의 공격이 강화되고 낙동강 방어선의 전황이 악화되는 등 전세가 불리해지자 미군은 14일 공격에서 방어로 태세 전환을 하게 됩니다. 이에 따라 제35연대가 검암리, 제24연대가 서북산 일원, 제5연대가 마산 진동에 배치되었습니다. 가야읍 북서쪽 2.5km 지점 십이당산에서 남쪽으로 661고지~필봉~서북산~

6.25격전지 함안민안비(여항면 주동리 483-1)

야반산~옥녀봉을 잇는 능선에 방어선을 형성했던 것입니다.

북한군 제7사단은 8월 17일 3시부터 1시간 동안 가야읍을 포격한 다음 4시부터 신음리 괘안부락 뒤편 고지를 공격해 미 제35연대 제1대대 A중대 2소대의 진지를 점령했습니다. 하지만 이튿날 새벽 B중대의 역습을 받아 후퇴하게 됩니다.

8월 18일 새벽, 북한군 제6사단 제15연대는 원효암 뒤편 661고지 북쪽에 배치된 미 제24연대 E중대를 공격하고 19일에는 C중대를 공격했으나 진지를 확보하는 데는 실패했습니다. 북한군은 필봉에 배치된 한국 경찰대도 공격했으나 경찰은 끝까지 고지를 사수했습니다.

20~22일 야간, 북한군은 십이당산 일대에 따발총을 쏘고 수류 탄을 던지며 육박해 왔으나 미 제35연대의 3개 중대가 이를 격퇴했 으며 A중대도 빼앗긴 진지를 탈환하게 됩니다. 이로써 북한군 제13 연대는 결정적인 타격을 입고 전면 퇴각했습니다.

　서북산과 여항산의 661고지 등에서 8월 말까지 진지 쟁탈전이 치열하게 벌어졌습니다. 밤낮없이 벌어진 혈전은 야간에는 공격을 당해 고지를 잃고, 주간에는 포격과 폭격기의 지원 아래에 고지를 탈 환하는 식이었습니다. 661고지는 주인이 19번이나 바뀌는 격전을 치 렀는데 이 때문에 미군이 '갓뎀'이라 해서 갓데미산으로 불리게 되었 다고 합니다.

　서북산과 661고지에서는 이렇게 치열하게 전투가 벌어졌지만 다른 지역에서는 8월 31일까지 소강상태였습니다. 북한군은 그동안 제6사단과 제7사단을 재정비했습니다. 그러고는 제6사단은 마산 중 리로 제7사단은 의령~칠원으로 이동한 다음 부산으로 진출하는 계 획을 세웠습니다.

함안 동부 평야 지대 전투

　8월 31일 북한군 제6사단의 함안 총공격이 다시 시작됐습니다. 검암리 정면 고지에 배치된 제35연대 제1대대가 북한군 제6사단 제 13연대의 집중공격을 받게 되자 미군은 정면에서 공격해 오는 제13

6.25전쟁 경찰 승전탑(대산면 구혜리 700-3)

연대를 3차에 걸친 격전 끝에 물리쳤습니다.

이 과정에서 북한군도 엄청난 사상자를 냈지만 미군도 상황이
급박해 마산 중리에 있던 제27연대 제2대대를 9월 2일 함안에 투입
했습니다. 이에 북한군이 중리 일대를 장악하자 미군은 제27연대 제4
대대를 동원해 다시 탈환하게 됩니다.

제7사단은 9월 1일 의령에서 남강을 건너 함안으로 들어왔습니
다. 그들은 검암리 북쪽 제35연대 제1대대와 제2대대 사이 방어선을
뚫고 칠원으로 향했습니다. 이에 미군 제35연대 제2대대는 그들을 맞
아 치열한 근접전을 벌였습니다.

미 제24연대가 지키는 함안 서쪽 서북산 일대에서는 8월 31일

한밤중에 북한군이 공격을 시작해 한국 경찰대를 돌파하고 9월 1일 새벽 미군 박격포 진지를 점령했습니다. 제2대대 방어선이 무너지면서 제1대대가 반격을 벌였으나 중과부적으로 함안 동쪽 3km 지점의 산악지대로 퇴각하면서 함안이 북한군의 수중에 들어가게 됩니다.

이에 미 제27연대 제1대대가 투입되면서 미군 폭격기를 출동시켜 함안 일대를 불바다로 만들었습니다. 제1대대는 9월 1일 함안 남쪽 500m 지점의 능선과 함안 서쪽 1.5km 지점의 고지를 점령한 뒤 진지를 구축하고 방어전에 들어갔습니다.

마무리는 소규모 근접전으로

9월 2~5일에는 북한군의 침투·역습과 미군의 격퇴가 되풀이되었습니다. 9월 5일 새벽 북한군의 미군 지휘소 공격을 마지막으로 북한군은 16개의 집단으로 나뉘어 함안에서 퇴각하기 시작했습니다. 8~9일의 폭우로 강물의 수위가 2m가량 높아져 북한군이 의령에서 건너오기 어렵게 만드는 하늘의 도움도 있었습니다.

이후에도 북한군은 9월 14일 필봉을 탈취하려고 여러 차례 공격했지만 번번이 미군에게 격퇴당했으며 이후 북한군은 공격력이 약해져 수세로 돌아설 수밖에 없었습니다. 이에 미군은 공세적 방어로 북한군에게 소모전을 강제했습니다. 이때부터 미군이 함안을 떠나는 25일까지는 주로 소규모 근접전만 벌어졌고 큰 전투는 없었습니다.

함안 지역 전투는 미군의 엄청난 희생을 바탕으로 거둔 값진 승리였습니다. 6월 25일 전쟁 시작 이후 계속된 후퇴에서 벗어나 북한군을 물리치고 승리함으로써 반격의 기틀을 마련한 획기적인 전투로 평가를 받고 있습니다.

直螯務恭愍王陞為郡本朝

郡景德王改令名高麗成

倉庫邑倉在城西倉

每金一軍在嶺海縣

注童山

山翼面

冷井橋

함안을 일러 기록의 고장이라고 합니다. 함안에 대한 옛날 기록이 풍성하고 다양하게 남아 있기 때문입니다. 먼저 『함안읍지』나 『칠원읍지』가 있는데 이것만으로 그렇게 말하는 것은 아닙니다. 이런 종류의 것들은 조선 말기 중앙 조정의 방침에 따라 만든 것으로 다른 지역에도 이와 비슷한 읍지는 제법 많이 남아 있습니다.

이를 넘어서 다른 지역에서는 볼 수 없는 기록 유산이 함안에는 무려 세 가지나 됩니다. 『함주지』, 『금라전신록』, 『함안총쇄록』을 꼽을 수 있습니다. 이처럼 풍성한 기록물이 남아 있다는 것은 함안으로서는 자부심을 가져도 좋을 만큼 더없이 소중한 문화유산입니다.

가장 오래된 읍지 『함주지』

『함주지』는 누가 왜 만들었을까?

우리나라에는 조선시대에 만든 지방지가 1000개 정도 남아 있습니다. 그 가운데 가장 오래된 것으로 임진왜란 이전에 편찬되었습니다. 함안뿐만 아니라 조선 중기 지역 사회의 전반적인 모습이 어땠는지 알려 주는 자료로 역사학계가 높이 평가하는 중요한 문헌입니다.

'함주'는 고려시대에 썼던 함안의 지명입니다. 『함주지』는 한강 정구라는 인물이 함안군수로 와 있던 1587년에 만들었습니다. 함안에 관련된 역사와 인물·풍물·자연 등을 적은 것으로 서문을 보면 왜 만들게 되었는지가 잘 나타나 있습니다.

"함안은 땅이 넓고 벼슬아치도 많이 배출했지만 … 지금 따져보려니 증명할 문헌이 없는데 어찌 이럴 수 있을까? 함안의 수치가 아닌가. 뒤에 사람이 오늘날을 다시 묻는다면 나 또한 무슨 할 말이 있겠는가."

이어지는 글은 『함주지』 발문의 일부로 정구와 함께 『함주지』를 만든 오운이 썼습니다. 아직 지역을 다룬 책이 없다며 『함주지』를 만들어야 하는 절실한 마음이 좀 더 자세히 설명되어 있습니다.

"우리나라는 이전에 군과 현에 책이 있지 않았다. 『동국여지승람』에 일부가 골라져 실리고 대부분은 빠뜨려졌으니 거친 물가나 먼 변방에 신기한 경관이 있어도 행적이 숨겨졌다. 게다가 우리 함안군은 산수가 빼어나고 땅의 정기가 아름다워 우리나라에서 으뜸이다. 하지만 문헌으로 증명할 수 없었다. 이에 군지를 편찬하기로 하고 여러 가지를 기록했는데 여러 달만에 탈고를 하고 이름을 『함주지』라 했다.

내가 살던 산익리는 호구가 850을 넘었지만 임진왜란이 지난 지금은 한 사람도 돌아오지 않았다. 사대부 집안도 전쟁을 겪으면서 선영 묘비명(무덤 앞 비석에 새긴 글)이 보전된 경우가 드물다. 겨우 살아남은 후손이 선대를 알려고 해도 막연하고 찾아볼 데도 없다.

오직 이 책에 힘입어 어느 산 어느 언덕이 선대 묘소고 우리 아버지·할아버지가 사시던 데라고 말할 수 있다. 지난 자취와 앞선 행적이 바로 전날 일처럼 일목요연하니 고향을 향하는 느낌과 생각이 비록 백세가 지나도 절로 유연하게 우러나올 것이다."

함께 만든 사람들

『함주지』는 군수였던 한강 정구의 뛰어난 안목과 실천력이 있었기에 가능했습니다. 하지만 방대한 내용을 책으로 펴낼 수 있으려면 그것만으로는 충분치 못했습니다. 고장의 역사와 문화를 정리하고자 했던 함안에 살던 여러 인사들이 한몫 나서지 않으면 불가능한 일이었습니다. 한강 정구가 쓴 서문에 보면 당시 사정이 잘 나와 있습니다.

"나는 함안군에서 사람을 얻었다. 이칭은 관후하고 점잖은 어른이고 박제인은 남모르게 은덕을 베풀고 지조가 있으며 이정은 재주와 행실이 모두 높다. 모두 내가 경외하는 바로서 볼 때마다 매양 기쁜 사람들이다. 오운도 역시 고을 안에서 선배로 지금 향교 제독(고을의 교육에 관한 일을 맡은 사람)이다.

서로 모여 여러 차례 함께했는데 내가 수집한 산천과 사람과 물산에 대한 기록을 보고 다들 '어떻게 군지를 편찬하지 않겠느냐' 하니 바로 내 뜻이었다. 의견이 부합해서 편집하고 기록하는데 열흘만에 일을 마쳤다. 여러 분들이 부지런히 정성을 다하고 애써 일하지 않았으면 어떻게 빠르게 완성되고 차례를 조목조목 갖추었겠는가."

오운이 쓴 발문에는 『함주지』를 만들기 위해 사람들이 모여 공식 공간에서 편찬하고 전체 의견을 들어 결정하는 등 어떻게 일을 했는지를 구체적으로 보여주는 대목도 있습니다.

"선비들을 초청해 군지를 편찬하기로 의논하고 관아 안에 기구를 설치했다. … 평가와 채택 여부는 공론을 들어 판단하고 결정했으며 여러 달 동안 교열하고 탈고했다."

『함주지』에는 무엇이 담겨 있을까?

『함주지』에는 조선시대 함안에 대한 정보들이 내용별로 분류되어 자세히 기록되어 있습니다. 연혁과 지리, 풍속, 산천과 마을, 인구와 농지, 토산물, 관아 시설과 민간 시설, 고적, 인물과 이야기 등 450년 전 함안의 여러 모습을 잘 담고 있습니다.

고을을 다스리려면 많은 정보가 필요합니다. 농사짓는 땅은 얼마나 되는지, 특산물은 무엇인지, 마을은 모두 몇 개이고 인구는 몇 명인지, 어떤 풍습이 있는지 등 『함주지』에 담겨 있는 이런 것들은 지역을 살피는 데 중요한 자료가 됩니다. 『함주지』에 담겨있는 구체적인 내용을 살펴보면 이렇습니다.

"함안의 정확한 경계는 당연히 앞에 두어야 한다. 연혁과 명칭도 모르면 안 되고 지세와 풍속은 반드시 먼저 묻는 것이니 그 다음이 알맞다. 마을의 풍토와 농지·인구는 백성들이 하늘로 삼는 것이니 뒤로 돌리지 말아야 한다.

산천은 험하고 평탄한 곳이 있고 토산물은 비싼 것과 싼 것이 있다. 안전한 관아와 군건한 성곽과 신을 모시는 제단·사당과 선비들을 가르치는 학교는 서로 차례대로 했으니 손님들에게 잊게 해서도 안 되고 도둑들이 갖고 놀게 해도 안 된다.

당연히 권장하는 농사와 누에치기, 마땅히 심는 과일나무, 가슴이 후련한 정자와 편리하게 건네주는 다리는 다음에 둘 만하다. 사찰의 융성과 쇠락, 고적의 흥성과 황폐는 모두 사람에게 충분히 감흥을 자아낸다.

전임 군수의 성명을 열거한 데 이어 뛰어난 군수의 업적과 선행을 밝혔으니 관리 되는 자들이 반드시 가장 먼저 깨달아야 할 것이다. 성씨·인물과 우민(새로 들어와 사는 사람)·유배인의 지난 선행·현행과 지금의 행실을 자세하게 모두 갖추었다."(한강 정구 서문)

"시골 노파나 천한 노비의 효행과 열행까지 아무리 자잘해도 반드시 기록했다. 거리에 떠도는 속된 이야기도 혹시 전할 만하면 비록 저속해도 덜어내지 않았다. 그 평가와 채택 여부는 공론을 들어 결정했으며 여러 달을 헤아려 원고를 완성했다. 이렇게 해서 고을 안의 몇 백 년 사적이 명백해졌으니 한 고을의 보배로운 책이다."(오운 발문)

『함주지』가 품은 독보적인 가치

『함주지』의 가치는 크게 세 가지로 꼽을 수 있습니다. 첫째는 우리나라에서 가장 오래된 읍지로 지금까지 잘 보존되어 전해진다는 것입니다. 그 당시 몇몇 고을에서 만들었던 읍지는 모두 없어졌지만 함안의 옛사람들은 『함주지』를 아끼고 사랑하여 이후로도 꾸준하게 내용을 보완해 보존을 할 수 있었습니다. 한강 정구는 창녕에서도 군수를 하면서 『창산지』라는 읍지를 만들었는데(1580년) 지금은 사라지고 없다는 것을 봐도 잘 알 수 있습니다.

둘째는 내용이 아주 풍성하고 다양합니다. 옛날에는 문자를 양반들만 알았기 때문에 보통은 양반들 이야기를 중심으로 기록을 했습니다. 하지만 『함주지』는 함안에서 일어난 그럴듯한 일이면 천민이나 평민 남녀를 가리지 않고 세세하게 적었습니다. 덕분에 『함주지』는 한결 생동감 넘치고 재미있는 이야기를 풍성하게 담고 있습니다.

셋째는 잘 만들어진 읍지의 전형으로 다른 곳에서 발행되는 읍지의 모범 사례가 되었습니다. 어떤 고을에서 읍지를 만들 때는 『함주지』를 본보기로 삼았습니다. 일례로 1625년 편찬된 진주목 읍지 『진양지』는 지역 선비 성여신 등이 관아의 도움 없이 만들었는데 『함주지』의 영향을 받아 체재와 편집을 거의 그대로 따랐다는 것이 학계 일반의 평가입니다.

1587년 한강 정구가 함안 군수로 있으면서 주변 사람들과 더불어 처음 펴낸 것을 1권이라 합니다. 150년 남짓 지난 1740년 전후로 영조 시절에 이휘진 군수가 보완해 펴낸 두 번째 『함주지』(전집)와 다시 100년 남짓 지나 1840년 전후로 헌종 시절 이덕희 군수가 다시 보완해 펴낸 세 번째 『함주지』(후집)가 있는데, 두 군수가 증보한 전집·후집을 두고 함주지 2권이라고 합니다.

일제강점기였던 1939년 우헌 조용숙이라는 분이 석판 인쇄로 『함주지』를 간행해(석인본) 세상에 널리 보급했습니다. 그런데 1950

년 한국전쟁 때 거의 다 불타고 말았습니다.

『함주지』는 한문으로 적혀 있는 책이어서 한글세대가 쉽게 읽지 못했습니다. 이를 극복하려는 노력은 1995년『국역 함주지』출간으로 처음 나타났습니다. 하지만 누락되거나 한글맞춤법에 맞지 않는 부분이 있어 2009년 다시 정리해서 발간했습니다. 『함주지』가 널리 알려져 미래세대에도 이어지기 위해서는 이러한 노력이 계속 뒤따라야 하겠습니다.

유일한 지역 문학·인물 사전『금라전신록』

정성을 기울여 체계적으로 만든 지역 기록

『금라전신록』역시 손에 꼽을 만한 함안 기록물입니다. '금라전신록'에서 '금라'는 옛날 다섯 가야 나라가 있던 시절 함안을 이르는 옛 이름입니다. 그리고 '전신록'은 '믿고 전할 만한 기록'이라는 뜻으로 해석하면 맞을 것 같습니다.

1639년 이 책을 펴낸 간송당 조임도는 함안을 대표하는 뛰어난 학자로 충성과 효도 등 모범이 되

는 행실로도 이름이 높았습니다. 인조와 효종 두 조정에서 숨은 인재로 꼽혀 임금의 자제를 가르치는 대군사부로 부름을 받았을 정도였습니다.

또 현종 시절에는 이와 같은 높은 행실을 칭찬해 임금이 특별히 선물을 내린 적도 있었습니다. 이에 조임도는 세상을 걱정하는 뜻으로 임금에게 직언하는 밀봉 상소를 모두 열네 조목에 걸쳐 올렸는데 이 또한 임금의 칭찬을 받았습니다.

직접 눈으로 보고 손으로 몸소 베껴 쓰는 것 말고는 다른 방법이 없던 시절에 조임도는 함안의 역사와 인물에 대한 글을 하나 얻으려고 온갖 정성을 기울였습니다. 서애 유성룡이 황석산성에서 왜적과 싸우다 목숨을 잃은 대소헌 조종도에 대한 전기로 '대소헌전'을 지었다는 얘기를 듣고 그 아들 유진에게 한 부 베껴서 보내주기를 간곡하게 요청하는 편지가 지금 남아 있습니다.

19세기 후반의 함안 출신 유학자 조병규가 조임도에 대해서 짚어놓은 대목에서 함안에 대한 그의 열정을 짐작할 수 있습니다. "함안의 문헌에 정통한 사람을 논할 때는 반드시 선생을 일컫는다. 족히 풍속의 모범이 되어 후세에 드리울 만한 저술로 『금라전신록』 두 권이 있다."

인물과 문장 모두를 채택하다

『금라전신록』을 두고 많은 사람들은 함안 지역의 문학사전이면서 동시에 인물사전이라고 합니다. 조선 시대에는 본받을 만한 조상이나 스승을 대상으로 하는 개인 문집이 거의 전부인데 『금라전신록』은 독특하게도 지역이 대상이었습니다.

조임도는 『금라전신록』의 '서문'을 통해 그렇게 불리는 까닭을 밝혀놓고 있습니다. "『함주지』에 실린 내용은 인물·산천·풍토에 불과하고 고금의 서적 등은 여기에 실려 있지 않다. 임진왜란 이후의 사적도 미처 실리지 못했으니, 이것이 내가 『금라전신록』을 만든 까닭이다."

『금라전신록』은 상·하 두 권으로 이루어져 있습니다. 상권은 묘비명·묘지·행장·제문, 그리고 전이나 찬인데 대체로 인물에 대한 기록으로 볼 수 있고, 하권은 함안 사람들이 작성한 시문·서계·부책·상소장으로 문학적인 내용을 담았습니다. 그러면서 조임도는 어느 한 쪽에 치우치지 않고 둘 다 모두 소중하게 여겨서 수록 대상을 선정했다고 밝히고 있습니다.

"인물이 우뚝 드러나지 않았어도 시문이 애독할 만하면 시문을 사랑하여 채택했으며 시문은 그다지 귀하지 않더라도 그 사람이 애석할 만하면 사람을 아껴서 취한 경우도 있다. 인물과 문장이 모두 귀중할 만하여 사라져 없어지는 것을 차마 볼 수 없는 경우도 있고, 시문이 전해지지는 않지만 인물을 버릴 수 없어서 수록한 것도 있다."

지금 우리에게 더욱 소중한 것은

『금라전신록』은 『함주지』를 바탕으로 하면서도 함안 지역의 인물과 시문을 하나하나 찾고 검토하여 선별해 담았습니다. 임진왜란

이후에 보고 들은 것을 많이 담았는데 실린 글들은 하나같이 그 시대와 지역을 대표하는 소중한 자료들입니다. 조임도의 글에서 우리는 『금라전신록』에 담은 그의 소망도 함께 읽을 수 있습니다.

"『금라전신록』 안에 뚜렷하게 칭송될 만한 사람이 한 둘이 아니다. 뒷날 이를 보는 사람은 우러러 상상하여 그들과 같아지기를 생각하며 사모하고 본받으시라. 그러면 문장은 나라를 빛내고, 행실은 몸을 세우고, 염치는 세속을 힘써 노력하게 하고, 덕은 명성을 이루어 줄 것이다. 그리고 부차적으로는 고을의 예전 자취도 많이 알 수 있을 것이다."

세상이 발전하면서 자료와 정보는 넘쳐나고 가치는 변했습니다. 그럼에도 오늘날 우리가 『금라전신록』을 통해서 배워야 할 것은 기록의 중요성입니다. 그의 기록이 아니었다면 400년 전 함안에서 살았던 인물들의 실제 모습과 그들이 써서 남긴 시문들을 알 길이 없습니다. 지금 우리가 살아가는 모습 역시 어떤 방식으로든 기록으로 후세에 전해질 것입니다. 『금라전신록』의 가치가 빛나는 것도 바로 이 때문이라고 할 수 있습니다.

조선 후기 함안의 풍물을 담은 『함안총쇄록』

원님 오횡묵의 4년에 걸친 일기

『함안총쇄록』은 1889~93년 4년 동안 함안군수로 있었던 채원 오횡묵이 자신의 재임 기간 거의 날마다 일기 형식으로 써 내려간 책입니다. 여기에는 군수 개인의 사적인 경험이나 느낌도 있지만 당시 사회의 모습을 알 수 있는 내용이 가득합니다.

©한국학중앙연구원

조세를 거두기 위해 백성들을 후려잡는 모습, 통제영·병영이나 감영 또는 마산창 등 여러 상급 기관으로 고단하게 출장 다니는 장면, 살인사건 등 갖은 험한 일을 치르는 모습 등 함안을 중심으로 펼쳐진 지역 행정 전반에 대해 세세하게 적어놓고 있습니다.

지금은 모든 업무가 나뉘어져 있습니다. 세금은 국세청에서 거두고, 범인은 경찰이 잡고, 행정 업무는 관청에서 하지만 예전에는 이런 모든 일들을 고을 군수가 도맡아서 했습니다. 그야말로 엄청나게 고단한 직업이 바로 군수였다고 할 수 있습니다.

책이나 드라마에서 고을 원님은 대단한 세력가처럼 그려지기도 합니다. 그런데 겉으로 드러나는 모습과는 달리 많은 일을 함께 감당하고 있었다는 것을 『함안총쇄록』에서 생생하게 보여줍니다. 임기를 제대로 채우는 원님이 드물었다고 하는데 한편으로 이해가 되기도 합니다.

사라진 세시풍속을 복원할 바탕

『함안총쇄록』은 함안에 있는 여러 명승지들의 당시 모습을 탁월한 관찰력으로 담아내고 있습니다. 뿐만 아니라 정월대보름 달맞이와 줄다리기, 사월초파일 낙화놀이, 나라의 경축일에 펼쳤던 대군물, 까치설날에 놀았던 귀신묻는놀이, 연초에 벌어지는 푸닥거리 등 세시풍습이나 행사에 관한 기록을 꼼꼼하게 적었습니다.

낙화놀이는 지금도 이어지고 있고, 정월대보름 달맞이와 줄다리기는 그리 낯설지는 않습니다. 하지만 대군물이나 귀신묻는놀이 같은 전혀 알 수 없는 행사나 놀이가 기록으로 남아 있습니다. 사라지고 없는 당시 민속과 풍습을 함께 담고 있어 좋은 자료가 되고 있습니다.

『함안총쇄록』은 함안뿐만 아니라 경남의 다른 지역 모습도 풍성하게 담고 있습니다. 양산·울산·밀양 등 자신이 업무로 지나갔던 고을에 대해서도 기록했고, 자신의 상관인 통제사·병마절도사·전운사·관찰사가 있는 통영·진주·창원·대구는 특히 세밀하게 그리고 있습니다. 이 가운데 통제영 병사들과 병영의 병사들이 서로 자존심을 걸고 우격다짐을 하는 부분이나 삼천포 포구 일대의 번성한 모습에 대한 묘사는 압권이라 할 수 있습니다.

오횡묵은 자신의 기록을 후세에 남기기로 작정하고 아전들에게 총쇄록을 여러 권 베껴 쓰게 했습니다. 자신이 수령으로 가는 모든 고을에서 '총쇄록'을 남기는 기록정신을 보여주었습니다. 1886년 대흉년에 영남 일대를 별향사로 다니며 적은『영남구휼일록』이 시작이었습니다. 이후 부임하는 데마다『정선군일록』(강원도 정선군)『자인현일

록』(경북 경산시 자인면)『고성총쇄록』(경남 고성군)『지도총쇄록』(전남 신

안군)『여수총쇄록』(전남 여수시) 등을 남겼습니다.

**14. 한강 정구 놀던
별천계곡 명승지**

郡景德王改今名高麗成

倉庫邑倉在城西倉

直監務恭愍王陞爲邪不月

海倉八　在鎭海縣

별천계곡

후배 군수들도 즐겨 찾은 자리

별천은 여항산에서 시작된 물줄기가 너럭바위를 만나면서 지어
낸 명승입니다. 바위를 구르는 물소리는 명랑하고 아래위로 넓게 트
인 암반은 시원합니다. 수풀은 우거져 넉넉한 그늘을 만들었고 내리
쬐는 햇살은 고루 퍼져서 따사롭습니다.

이곳에는 정구가 나들이했던 흔적도 남아 있고 후세 사람들이
이를 기억하여 새겨놓은 각자도 뚜렷하게 남아 있습니다. 이처럼 놀
기 좋은 자리에 역대 함안 수령 가운데 으뜸으로 꼽히는 한강 정구의
자취까지 서려 있으니 후배 군수라면 누구나 한번은 찾아 놀고픈 유

적이었을 것입니다.

그런 후배 수령 가운데 한 명이 바로 1889년 3월에 부임한 오횡
묵 함안군수였습니다. 그가 이곳에 걸음을 한 것은 부임 2년이 지나
봄이 무르익는 1891년 3월이었습니다. 이때의 기록이 『함안총쇄록』
에 적혀 있습니다.

"별천은 한강 정 선생이 머물러 놀던 자리이다. 수석이 꽤 신기
하다는 말을 듣고 한 번 보고 싶었으나 보지 못하였다. 오늘 석성과
함께 강지에 이르러 진해(진동면 일대)를 버리고 길을 가서 물을 따라
들어갔더니 돌길이 위태롭고 비탈져서 가마가 겨우 들어갈 수 있었
다."

"근원은 여항산에서 나온다. 두 골짜기가 여기에서 합해진다. 반
석이 손바닥처럼 평평하다. 아래로 펼쳐지는 삼분의일은 물이 머무
는데, 바위에는 100명 남짓이 줄지어 앉을 수 있다."

오횡묵의 별천 나들이는 한 번으로 그치지 않고 그 뒤에 한 번 더
이어졌습니다. "앞선 별천의 놀이에서 좋은 경치를 모두 찾지 못하였
고 군에서 함께 감상할 사람도 많이 참석하지 않았기 때문에 다시 한
번 놀기로 하고 … 냇가에 이르자 문사들 가운데 모인 사람이 20명
남짓 되었다."

오횡묵은 이때 시문을 지으면서 놀고 그것을 『별천속유록』이라
는 시집으로 남겼습니다. 제목에 들어 있는 '이어질 속'은 한강 정구
를 의식한 것이 분명합니다. 300년 전 벌어졌던 한강의 양천 나들이
에 이어지는 행사로 자신들의 별천 나들이를 규정한 것입니다.

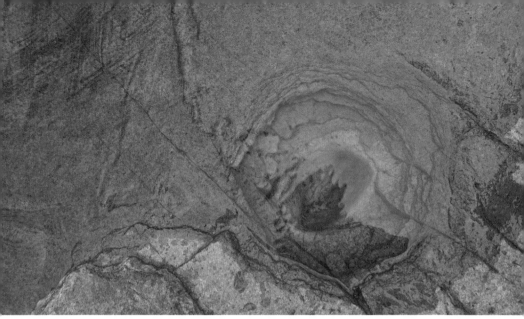

별천계곡 합류 지점의 일산 기둥을 꽂았던 자리

오횡묵은 이날 선비들이 지은 시문을 모으고 스물네 권을 필사해 참석했던 이들에게 나누어주었습니다. 그들의 이름은 박용하 박영락 양익수 조용진 이장록 이수형 조성원 조성주 홍병로 김인길 조용해 박규환 이유겸 안제형 조성충 이종화 조성하 조성호 배문표 안택중 안기환 조익규 이용순 조의화입니다. 양익수·김인길만 바깥에서 온 손님이고 나머지는 모두 함안 사람으로 짐작됩니다. 『별천속유록』은 아직 그 실물이 나타나지 않았습니다.

곳곳에 한강 정구의 자취가

"물가 바위에 함안군수 정아무라 새겨져 있으나 거의 다 마멸되어 사라지고 '함안(咸安)' 두 글자만 희미하게 알아볼 수 있었다. 말구유와 일산을 꽂았던 구멍도 옆에 있는데 또한 한강 어른의 유적이라 한다."

"산비탈 바위면이 담벼락처럼 많이 서 있는데 '한강장구지소'라 새겨져 있다."

1891년 오횡묵이 확인한 한강 정구의 별천 자취입니다. 이 가운데 '한강장구지소'에서 '장'은 지팡이이고 '구'는 짚신입니다. 한강 정구가 지팡이 짚고 짚신을 신은 채 돌아다녔던 자리라는 뜻입니다. 지금 가서 보면 오른편 냇가에 송와처사(松窩處士)를 기리는 비석이 있는데 그 바로 뒤편 바위가 '한강장구지소' 글자가 있는 자리입니다.

여기 이 산기슭 바위에는 후세 사람들이 한강을 기려 남긴 것이 있고 골짜기를 따라 물줄기로 들어가면 한강이 손수 남겼던 자신의 자취가 남아 있습니다. 130년 전 오횡묵 군수가 보았던 것 가운데 '함안군수 정아무' 글자와 말구유는 그 새 사라졌는지 보이지 않고 지름 10cm가량 되는 '일산을 꽂았던 구멍'만 얕은 물 속에서 확인할 수 있습니다.

다시 송와처사 비석으로 돌아와 아래쪽을 보면 여강재(艅岡齋)가 30~40m 간격을 두고 나란히 있는데 그 뒤편에도 바위 벼랑이 있습니다. 먼저 툭 튀어나온 위쪽 머리에 양천(陽川)이라 크게 새겨져 있

'한강장구지소' 각자와 1890년대 오횡묵 군수의 각자가 있는 바위 벼랑.

습니다. 원래는 붉게 주칠이 되어 있어서 잘 보였지만 지금은 지워져
서 깊이 새겨진 각자인데도 눈에 잘 띄지 않습니다.

오횡묵은 『함안총쇄록』에서 이 양천을 두고 "선생이 명명했다"
고 적었습니다. 여기 선생은 두말할 것 없이 한강 정구를 가리킵니다.
정구가 지은 양천은 지금 별천이 되어 있습니다. 이런 변화를 국어학
자들은 음운 변화의 결과로 설명합니다. 양천이 우리말로는 볕+내인
데 이 볕내가 자음접변 때문에 변내 또는 별내로 소리나는 것을 다시
한자로 고정시켜 별천(別川)으로 바꾸었다는 얘기입니다.

'양천' 각자(푸른색 동그라미 안)와 이용탁·조원·이문갑의 흔적

후배 군수도 흔적을 남겼고

1891년 여기를 찾은 오횡묵도 흔적을 남겼습니다. 송와처사 비석과 여강재 재실 사이 바위벼랑입니다. "별천에서 놀며 즐긴 뒤에 마땅히 이름을 남기기로 하였다. 이날 나와 석성의 이름을 새기는 차에 구민소를 보내어 일을 시작하도록 시켰다." 여기서 석성은 오횡묵과 동행한 지인 김인길의 호이고 구민소는 오횡묵 군수가 부렸던 아전 이름입니다.

오횡묵 일행이 남긴 흔적은 송와처사 비석과 여강재 재실 사이

앞에 보이는 바위에 경현대 글자가 새겨져 있다.

에 세 군데 남아 있습니다. '한강장구지소'에서 오른쪽 두세 발 떨어진 자리에 '지군 채인 오횡묵'이라 새겨져 있고 거기서 오른쪽으로 두세 발 자리에 '진사 김인길', 다시 두세 발 떨어져 '구민소' '유치영' 글자가 세로로 있습니다.

글자는 오횡묵이 가장 크고 김인길이 다음이며 구민소와 유치영은 가장 작습니다. 지군은 군수를 가리키는 별칭이고 채인은 오횡묵 군수의 호였습니다. 진사는 초시 과거에 합격한 선비를 일컬으며 김인길은 오횡묵의 지인 석성의 본명입니다. 아전 구민소 옆에 적힌 유치영은 오횡묵을 수행했던 민간인 심복이었습니다.

한강을 기리는 뒷사람들의 자취도

여강재 뒤편 앞으로 도드라져 있는 '양천' 큰 글자 아래에는 함안 사람들이 떠나간 한강 정구를 기리는 마음으로 넉 자씩 끊어서 새긴 열여섯 글자가 있습니다. "선생지풍 거사지락 백년심취 천추유적(先生之風 居士之樂 百年深趣 千秋幽蹟)"이 그것인데 하얗게 칠이 되어 있어 눈에 확 띕니다.

옮겨보면 "선생의 풍류는 거사의 즐거움이니 오래 남을 깊은 정취와 그윽한 자취라네" 정도가 되는데 첫 줄에 나오는 선생은 당연히 한강 정구입니다. 바위에는 또 이문갑·조원·이용탁이 새겨져 있는데 이들은 함안 사람으로 두 번째 술에 나오는 거사(벼슬을 않고 숨어 사는 선비)에 해당됩니다.

이를 두고 오횡묵은 "세 분이 바로 군에서 덕이 높은 어른으로 정자를 세우고 한가롭게 지냈으나 지금은 모두 돌아가고 정자 또한 돌보지 못하여 황폐해졌다고 한다"고 『함안총쇄록』에 적었습니다. 오횡묵보다 한 세대 앞인 1800년대 초중반을 살았던 함안 선비들이라고 보면 맞겠습니다.

여강재 앞 물가 커다란 바위도 한강에게 헌정된 유적입니다. 1904년 한가운데에 '경현대' 세 글자를 새겼는데 지금은 많이 희미해져 보일락말락 합니다. 금계 조석제(1848~1925)라는 인물이 1905년에 남긴 '경현대서'라는 글을 보면 글자를 새긴 이유를 알 수 있습니다.

대충 살펴보면 이런 내용입니다. "1904년 9월 9일 선생에게 제사를 지내면서 존경하고 사모하는 정성을 나타냈다. 그 뒤 고을의 여러 장로들이 선생이 지팡이 짚고 짚신 신고 거닐던 자리에 경현대 석자를 새기기로 했다. 이를 통해 오랜 세월 읽을 수 있고 없어지지 않기를 바라는 뜻을 표현하였다."

한강 정구에서부터 채인 오횡묵까지, 그리고 한강 정구를 아꼈던 함안 선비들의 이전 이후 자취들까지, 선인들의 흔적이 곳곳에 남아 있는 별천계곡은 지금도 여전히 놀기 좋은 자리입니다.